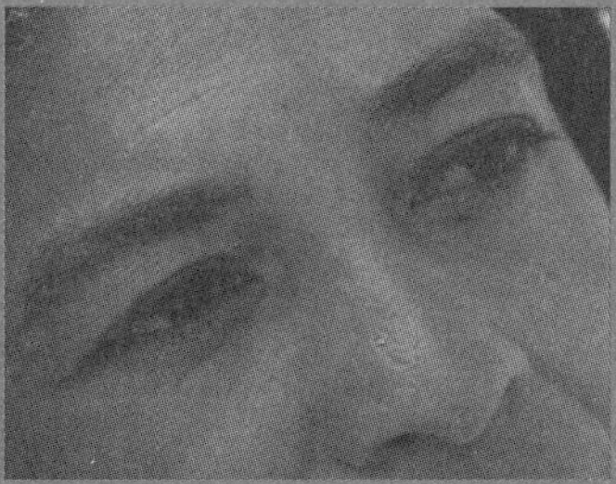
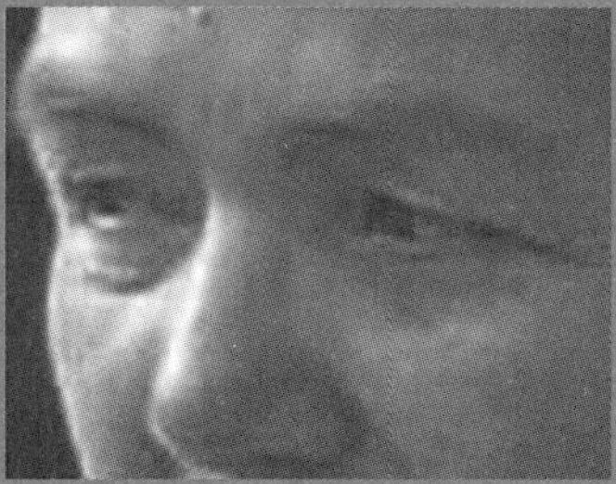
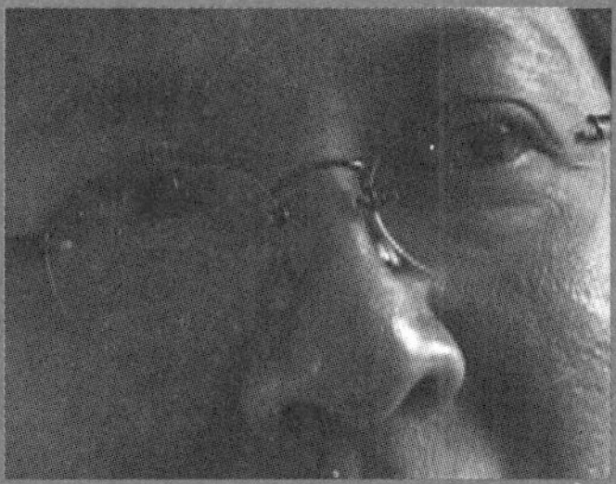

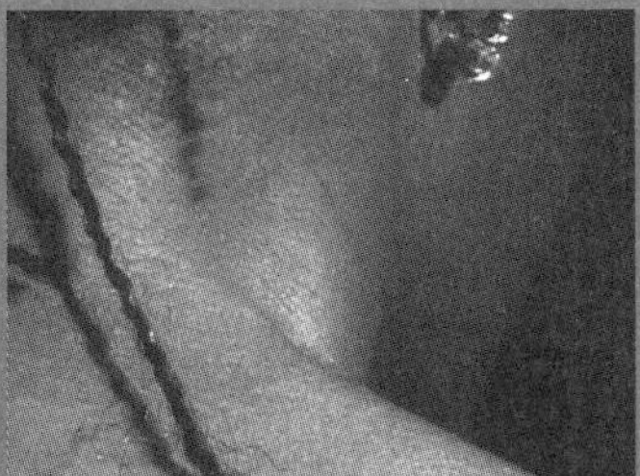
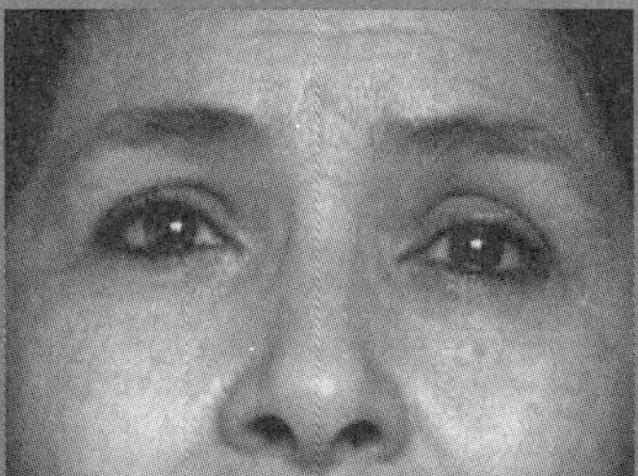

femmes libres

23, rue du Cherche-Midi – 75006 Paris

Vous pouvez consulter notre catalogue général et l'annonce de nos prochaines parutions sur notre site internet : cherche-midi.com

aurine crémieu et hélène jullien

femmes libres

la résistance de 14 femmes dans le monde

en collaboration avec
amnesty international

préface de zazie

le
cherche
midi

avant-propos

Les violences faites aux femmes constituent l'un des plus grands scandales actuels en matière de violations des droits humains. En effet, en temps de paix comme en temps de guerre, les femmes se voient infliger des atrocités pour la simple raison qu'elles sont des femmes. Des millions de ces femmes sont battues, violées, assassinées, attaquées, mutilées ou même privées du droit d'exister. Et ces violences entraînent des dommages corporels, sexuels ou psychologiques pour la femme, la jeune fille ou la fillette qui en est victime.

Dans ce livre, vous pourrez lire l'histoire de femmes, histoires terribles, violentes, dramatiques, histoires de luttes aussi, de résistance, de solidarité. Du fin fond des cachots de Drapchi, au Tibet, aux pratiques d'excision, en France et au Mali, en passant par la reconnaissance des Kurdes en Turquie, par les mères, sœurs et filles de disparus au Chili, les réfugiées dans des camps palestiniens, journalistes en Tunisie, avocates au Malawi... Toutes ces femmes ont en commun les violences qui leur ont été faites, et les combats qu'elles mènent pour que ces violences soient dénoncées et punies, pour éviter que d'autres femmes en soient victimes.

Depuis un an, pour toutes ces femmes, nous menons campagne. Elles sont loin de nous, mais elles sont nos voisines aussi. Leurs noms sont parfois difficiles à prononcer, mais elles ne sont que d'autres nous-mêmes. Elles ne partagent pas toujours ce qui fait notre quotidien, nos besoins et nos envies, peut-être même nos idées, mais elles partagent l'essentiel, avoir le droit de vivre leur vie d'être humain, de femme libre et responsable.

Lutter pour les droits de la personne humaine et singulièrement pour celui des femmes, c'est croire en la capacité du genre humain à s'éloigner du pire pour produire le meilleur. C'est affaire de conquêtes et de batailles pacifiques, mais quotidiennes, qu'il nous revient, à vous, à moi, à nous de mener pour l'idée que nous nous faisons de la dignité humaine.

Geneviève Sevrin,
présidente d'Amnesty International France

préface

Il paraît que les filles naissent dans les roses... Comme les roses, on les croit douces et fragiles, sensuelles et délicates. Comme les roses, offertes à l'amour, vivant au gré de la Lune et du vent, insouciantes, légères.

Mais Ronsard avait raison, lui qui déjà avait appris à se méfier de la rose et de ses épines.

Les récits de la vie de ces femmes en sont l'écho. Rien ne les prédestinait au courage dont elles font preuve, au combat qu'elles mènent jour après jour. Leur force, c'était la force du désespoir. Autant de poings levés que de larmes versées auparavant. Autant de libres paroles que de cris étouffés. Mais quand cette force se déploie, elle n'a pas de limite, pas de frontière, pas de couleur de peau, pas de sexe.

Le récit de ces femmes témoigne d'une réalité bien plus dramatique, d'une urgence, et d'une évidence absolue : dans les pays où la femme n'est pas respectée, l'homme ne l'est pas non plus. Dans les pays où la femme est reniée, l'homme se renie lui-même.

J'ai si peu de choses en commun avec Arundhati l'Indienne, Leyla la Kurde, ou Vera l'Africaine, moi qui ai eu la chance de naître dans un pays de liberté.

Mais, si différente soit l'histoire de ces femmes de la mienne, il est un chemin qui nous lie, comme un espoir, un signe d'apaisement, une caresse sur la joue de nos enfants.

Que l'on soit né dans les choux ou dans les roses, seul l'amour nous unit.

De cette union et de l'amour des hommes, les femmes portent la vie, donnent la vie et respectent la vie.

Elles sont, depuis la nuit des temps et pour la nuit des temps, le berceau de l'humanité.

Zazie

Entrées en résistance, combattantes, femmes libres et debout, tant de mots pourraient les définir dans le combat qu'elles livrent tous les jours. Elles sont quatorze femmes mais, derrière elles, il y en a 1 000, 10 000, combien d'autres ?

Souvent, elles n'ont pas choisi ce combat, il s'est imposé à elles comme une évidence, un sursaut de vie. Certaines sont restées anonymes et luttent dans l'ombre, d'autres se sont retrouvées en première ligne, telles les ambassadrices d'une cause. Mais cela n'est pas très important. Ce qui compte, c'est cette dignité résolue dans l'adversité. Face à la peur, elles ne renonceront pas.

Ces quatorze femmes, nous les avons rencontrées, quelquefois par le biais d'Amnesty International, parfois par les heureux hasards de nos métiers de journaliste et de réalisatrice.

À l'admiration que nous avions pour leur engagement et leur révolte, s'est ajoutée une estime profonde, une complicité de femmes, peut-être.

Les rencontres furent plus ou moins longues ; certaines même n'ont eu lieu que par mails interposés, courrier, témoignages de proches, livres et films documentaires... mais finalement nous gardons l'impression de longs tête-à-tête, et chacune de ces quatorze femmes, avec leur singularité, leur malice, leur grâce, va nous accompagner longtemps.

Aurine Crémieu et Hélène Jullien

Trois de ces femmes, Aïssata, Christine et Sofia, ont voulu garder l'anonymat. Pour des raisons de sécurité, leur prénom a été changé et leur visage n'apparaît pas.

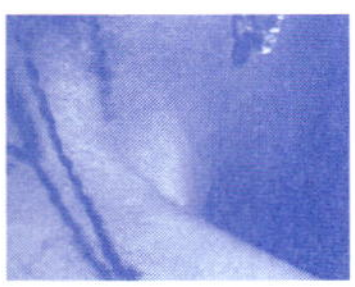
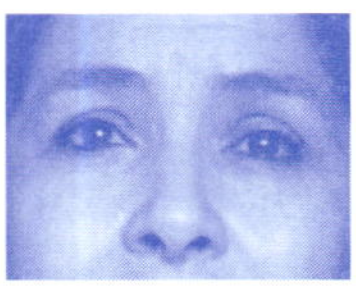

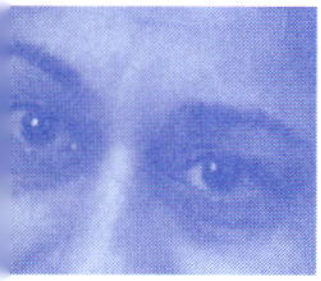
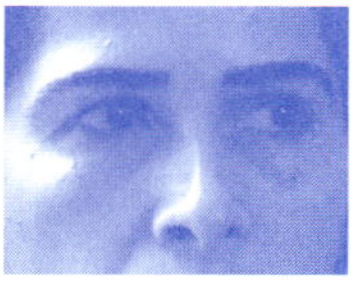
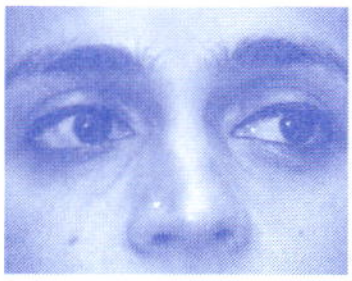
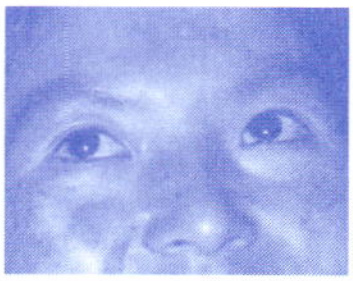

AÏSSATA A.
MALI-FRANCE

le corps retrouvé

par hélène jullien

douleur

« L'homme a trop peur d'être dominé si la femme a du plaisir[1]. »

Quand on rencontre pour la première fois cette grande et belle Malienne d'une quarantaine d'années, au visage expressif et décidé, encadré de fines tresses, on mesure le chemin parcouru par cette jeune femme qui fut excisée bébé et vécut durant des années son corps avec difficulté. De sa voix grave et posée, Aïssata explique : « En Afrique, l'excision n'est pas perçue comme étant une violence. Au contraire, lorsqu'une petite fille naît, la famille attend le moment où elle ira rejoindre, entre guillemets, le clan des femmes. Chez nous, on sait ce que c'est que la douleur physique, par contre, la souffrance morale, on n'y pense pas. Alors qu'elle est beaucoup plus lourde. La douleur physique disparaît, la douleur morale, elle est là tout le temps. »

Lorsqu'elle est arrivée à Lyon à l'adolescence, envoyée par ses parents chez une tante, elle s'est très vite sentie « différente ». Les copines de son âge parlaient de sexualité, avaient des sentiments

1. Aïssata.

vis-à-vis des garçons qu'elle n'éprouvait pas. Quand elle a essayé d'expliquer ce qu'était l'excision à ses amies françaises, elles ont été horrifiées par la violence de l'intervention et les conversations ont très vite tourné court. « La douleur est d'autant plus forte, qu'on ne peut parler de l'excision à personne. Et on finit par se trouver enfermée dans ce silence. » Une souffrance exacerbée par la période difficile de l'adolescence : « Le fait d'être excisée, d'avoir honte de son corps, d'en avoir été dépossédé, c'est très violent. À l'adolescence, on ne sait pas comment aborder ce corps, on ne sait pas quoi en faire et personnellement, je l'ai vécu comme un fardeau. »

silence

Son malaise grandit encore lorsqu'elle rencontre un Français, qui deviendra son mari et le père de ses trois filles. L'excision ne lui paraît pas un problème, pourtant, il trompe sa femme. « Son excuse, c'était qu'il avait besoin d'avoir des relations avec des femmes normales. J'avais honte, honte de ne pas avoir de plaisir ». Une différence très difficile à vivre, dans une société qui exalte le plaisir et la sensualité :

> « On finit par penser que l'on n'a pas sa place dans cette société où la sexualité est tellement importante, vécue comme un jeu auquel on ne peut pas assister. On voit un film, un couple qui fait l'amour. La fille qui est épanouie, heureuse, on se dit moi, je ne connaîtrai jamais ça. »

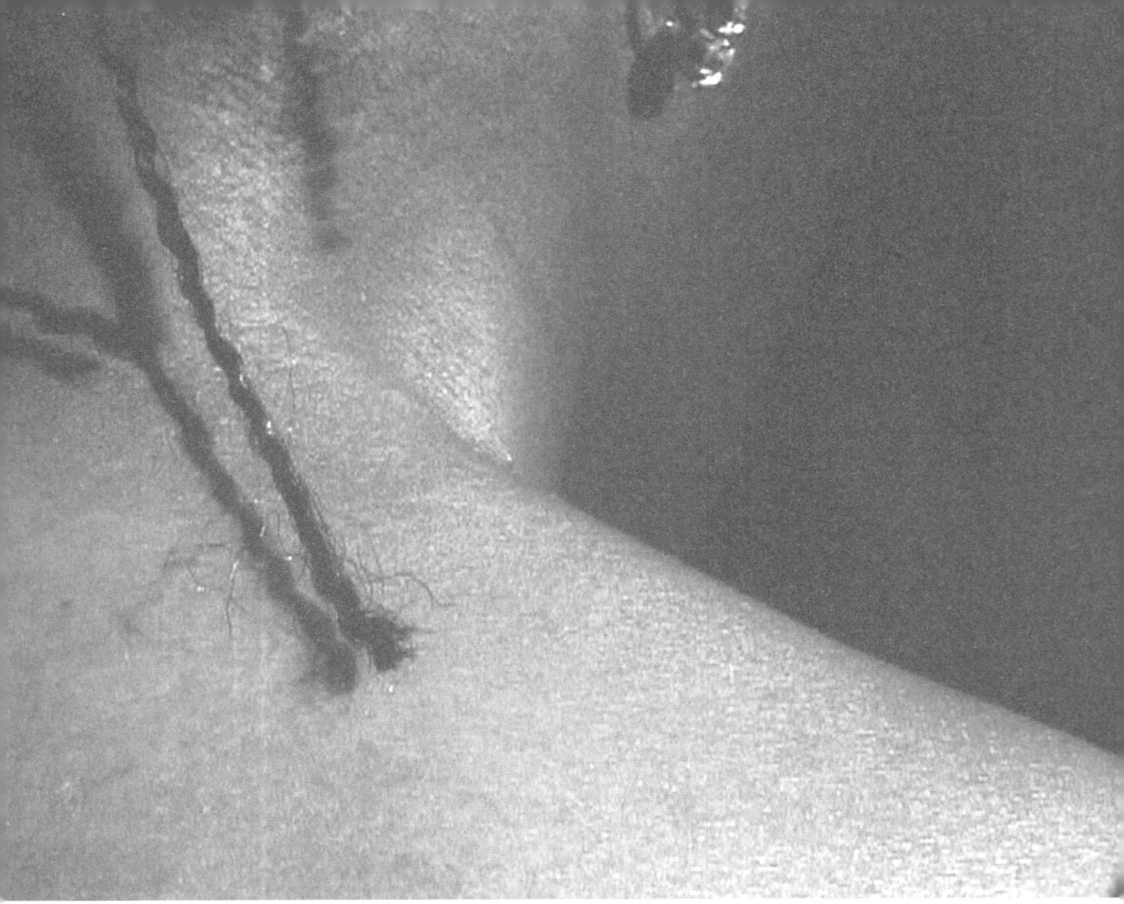

Les relations du couple deviennent très difficiles. Son mari s'absente de plus en plus souvent, n'hésite pas à l'humilier devant leurs amis, les scènes se multiplient. Épuisée, Aïssata décide de divorcer, malgré une situation très précaire. Titulaire d'une licence de langue, elle avait choisi de s'arrêter de travailler jusqu'à ce que ses trois enfants soient scolarisés.

Mais quand son mari l'accuse devant la juge de vouloir faire exciser ses trois fillettes en les emmenant au Mali, Aïssata, qui milite déjà dans une association pour l'abolition des mutilations génitales, le GAMS[2], est abasourdie. La juge prend pourtant le parti du mari et interdit à la jeune femme de quitter le territoire avec ses enfants. « Cette juge n'était pas prête à entendre qu'une Malienne pouvait protéger ses enfants contre l'excision ; je n'ai pas été reconnue, écoutée. Mon mari s'est servi de cette arme terrible pour m'interdire d'emmener mes filles rencontrer leur famille malienne. » Grâce à son courage et à sa détermination, elle obtiendra finalement la levée de l'interdiction de sortie de territoire.

En Afrique aussi, elle se sent différente, mal acceptée. Et au sein de sa famille, sa liberté étonne et agace : « J'ai fait des tas de choses qu'ils n'ont pas comprises : me marier avec un Français, divorcer, ne pas faire exciser mes filles. » Quand elle annonce son divorce, ses frères lui reprochent d'avoir pris cette décision seule, sans avoir d'abord consulter la famille, comme le veut la coutume africaine. Pour les siens, ses filles métisses sont d'ailleurs considérées comme des « toubabs », des Blanches. Les Africaines, qui, comme elle, militent contre les mutilations génitales féminines, sont aussi rejetées par beaucoup de leurs compatriotes qui les voient comme des « traîtres » véhiculant une image négative de l'Afrique. Une amie lui dira un jour : « Vous nous faites passer pour des sauvages. »

Cette femme qui a acquis chèrement sa liberté et son indépendance sait qu'elle aurait du mal à retourner vivre en Afrique, dans

2. GAMS : Groupe pour l'abolition des mutilations sexuelles.

une société qui reste profondément machiste. « Les hommes là-bas ont tous les droits, les femmes, aucun. Pour de nombreux maris, battre leurs femmes, c'est presque naturel. Et puis une épouse doit savoir rester à sa place, elle ne doit jamais blesser son mari dans sa fierté, et montrer à l'extérieur de la maison qu'elle se considère comme son égal. » Elle reproche aussi aux Africains de ne pas reconnaître la douleur et les problèmes provoqués par l'excision. Aïssata évoque encore avec étonnement une scène violente, mais très significative de son adolescence, vécue pendant des vacances passées au Mali. Une après-midi alors qu'elle s'étonnait : « C'est incroyable qu'on nous ait enlevé notre sensibilité » et que ses tantes, interloquées par son audace et sa liberté de ton, lui reprochaient de se prendre « pour une toubab », une voisine lui lança avec une agressivité incroyable : « Si on vous avait laissé ce truc, vous vous comporteriez comme des chiennes en chaleur. »

Aujourd'hui, alors que sa fille aînée vient d'entrer au collège, la jeune femme semble avoir trouvé enfin un équilibre, une sorte d'apaisement, après des années de souffrance qu'elle qualifie de « morales et physiques ». Professeur dans l'Éducation nationale, elle vit dans la banlieue parisienne. Et à force de volonté et de détermination, elle a réussi à briser ce silence qui l'oppressait. Elle a décidé pour s'en sortir de suivre une psychanalyse. « Il ne faut pas rajouter à la douleur en s'enfermant dans le silence. Quand personne ne peut vous aider, il y a des spécialistes pour ça. » Elle milite au sein du GAMS pour l'abolition des mutilations génitales et n'hésite pas à témoigner quand on la sollicite. Mais elle garde délibérément l'anonymat, car en tant que professeur au collège, elle tient à tout prix à préserver sa relation avec ses élèves. Elle a vécu longtemps sa double culture comme un déchirement : « Au début, on a du mal. On a l'impression d'être de nulle part. Mais avec la maturité, j'ai rejeté ce qui me paraissait mauvais dans la culture malienne et gardé le reste. » À présent, elle se considère autant française que malienne.

Après des années de retenue et de silence, aidée par son travail psychanalytique et par ses prises de position au sein du GAMS, Aïssata est désormais capable d'exprimer sa colère face aux conséquences de l'excision. L'année dernière, au Mali, une de ses belles-sœurs est morte d'une hémorragie, en accouchant. La clinique manquait de stocks de sang. Le même jour, quatre autres jeunes filles, dont une de seize ans, succombent dans des cliniques. Mais le poids de la tradition est tel en Afrique que beaucoup refusent de faire le lien entre ces décès et l'excision. « Pour les vieux, c'est la fatalité, la volonté de Dieu. Ils disent : c'était son jour. Les gens savent que ces morts-là sont liées à l'excision mais personne n'en parle. » Car les conséquences de ces mutilations, bien qu'occultées en Afrique, sont très lourdes pour la santé des femmes et peuvent en plus créer de lourds traumatismes psychologiques. Pratiquées dans des conditions souvent précaires, l'excision et l'infibulation peuvent provoquer diverses infections graves, dont certaines entraînent la stérilité, sans parler du tétanos et du sida. Des bébés, des fillettes meurent régulièrement de septicémie. Et au moment de l'accouchement, les déchirures du périnée sont trois fois plus fréquentes chez les femmes excisées que chez les autres. Parmi les autres complications les plus courantes, l'apparition de fistules qui, quand elles sont mal soignées, peuvent provoquer des incontinences graves. Plus de soixante millions d'Africaines en souffriraient, dont beaucoup sont mises au banc de la société, rejetées par leur propre famille, l'incontinence étant jugée honteuse.

Pratiquées dans au moins vingt-cinq pays d'Afrique et touchant plus de 120 millions de femmes (soit un tiers de la population féminine africaine), les mutilations sexuelles féminines ont cours aussi en Indonésie, en Malaisie, au Yémen et évidemment au sein des communautés immigrées des pays occidentaux. On estime ainsi que, en France, 20 000 femmes et 10 000 fillettes en seraient victimes. Depuis août 1983, un arrêt de la cour de cassation française définit désormais l'ablation du clitoris comme une mutilation, donc un crime, passible de dix à vingt ans de prison selon les cas. Mais effet pervers de cette loi – la France est le seul pays d'Europe à criminaliser ces pratiques –, de nombreuses familles font désormais exciser leurs fillettes ou leurs adolescentes au pays, lors des vacances scolaires.

Pour Aïssata, comme pour toutes les militantes qui se battent pour l'abolition des mutilations génitales, le combat continue. Pour elles, les campagnes d'information, que ce soit en France ou en Afrique, restent l'arme majeure pour faire évoluer les mentalités. Dans un certain nombre de pays africains, les choses commencent d'ailleurs à bouger : débats et spots à la télévision, campagne contre l'excision, travail des associations sur le terrain, font éclater les tabous et circuler l'information sur les risques sanitaires encourus par les femmes. Certains imams sénégalais se sont même prononcés durant leurs prêches contre l'excision, rappelant que cette pratique n'est pas un commandement du Prophète et n'est pas préconisée par le Coran. Au Sénégal, au Burkina Faso, à Djibouti, en Égypte, en Côte d'Ivoire, au Togo, il existe désormais des textes réprimant ces mutilations, mais ce n'est pas le cas dans tous les pays, et l'harmonisation des législations au niveau du continent africain est un enjeu prioritaire.

Aujourd'hui, Aïssata vit seule avec ses trois filles. Traumatisée par son premier échec, elle n'a pas envie de revivre en couple. Durant des années, il lui était même difficile de voir un homme s'approcher d'elle. Mais ses sept ans de thérapie l'ont beaucoup aidée :

> « On peut s'en sortir, en acceptant d'avoir été excisée, d'avoir ce corps et de tout faire pour se l'approprier. »

Décidée à aller au bout de sa démarche, elle a choisi de se faire faire une chirurgie réparatrice. Il y a quelques mois, elle a été opérée par le docteur Pierre Foldès : « Un homme extraordinaire, très à l'écoute, dit-elle dans un grand sourire. Un vrai militant qui ne supportait pas la douleur des femmes. »

Quand elle entend pour la première fois parler de cette opération, Aïssata se sent prête. « J'ai toujours rêvé qu'un jour on pourrait me réparer. J'attendais ce jour depuis des années. J'ai contacté le docteur Foldès et quelques semaines plus tard j'étais opérée. » Lors de missions en Afrique, cet urologue a soigné de nombreuses femmes victimes des conséquences sanitaires des mutilations génitales. Pour répondre à leur détresse, il a mis au point une opération réparatrice qu'il pratique en France depuis environ six ans. L'excision n'ampute en fait que la partie visible du clitoris, il faut donc aller chercher sa partie interne en libérant les ligaments qui la retiennent et la réinnerver. Le médecin a déjà opéré près de deux cents femmes et il est de plus en plus sollicité. Cet acte considéré au départ comme de la « chirurgie esthétique » est désormais remboursé par la Caisse nationale d'assurance maladie (CNAM) mais uniquement pour des opérations effectuées dans le secteur privé. Le docteur Foldès a d'ailleurs commencé à former des confrères africains qui viennent en France pour apprendre cette technique. Car si cette chirurgie réparatrice arrivait à se développer à une plus grande échelle en Afrique, elle représenterait un espoir pour des milliers de femmes.

Quand elle parle de cette « réparation », Aïssata est tout sourire, même si elle avoue avoir souffert durant les semaines qui ont suivi l'intervention. « J'ai fait un pied de nez à ma famille, à ma culture. C'est un combat que j'ai gagné. J'ai effacé des années d'humiliation. Je ne subis plus. Je me suis réappropriée mon corps et c'est moi qui décide. Aujourd'hui, même si je ne ressens pas beaucoup de sensations, c'est sans doute trop tôt après l'opération, j'ai l'impression que mon corps vit. »

SIHEM BENSEDRINE

TUNISIE

la parole confisquée

par aurine crémieu

« Le régime tunisien a toujours pris soin de garder un brin de jasmin entre l'oreille et le képi, d'aménager ses plages touristiques en paravent de ses salles de tortures. Les apparences y sont trompeuses. Parce que Sihem est intelligente et douce, parce qu'elle nous ouvre sa porte au risque de la répression, elle a fait traverser le miroir à tous ceux qui l'ont rencontrée[1]. »

Être femme en Tunisie n'est pas ce que l'on croit. Bien sûr, le tchador est tombé, les jeans moulent les jambes des étudiantes et dans les quartiers branchés de Tunis, on boit des cocktails entre amies jusqu'au bout de la nuit. Mais tout cela, à en croire

1. Florence Aubenas. Journaliste à *Libération*, elle a préfacé le dernier livre de Sihem Bensedrine, *Lettre à une amie irakienne (disparue)*, La Découverte, 2003.

Sihem Bensedrine, est un écran de fumée. Tout comme la prétendue démocratie tunisienne brandie par Zine el-Abidine Ben Ali est une illusion. Elle le sait bien, elle qui a choisi de vivre dans son pays malgré tout. Malgré les tabassages, la prison, la censure permanente, l'agent de la police politique en faction jour et nuit devant chez elle... Une vie debout à résister à ce régime arbitraire qui ne tolère aucune voix discordante. Dans la vie de Sihem, la prise de conscience a eu lieu très tôt, « c'est un combat qui n'est pas venu comme ça par simple désir de s'engager ; c'est comme quelqu'un qu'on a jeté à l'eau. Je me suis retrouvée dans l'eau en train de chercher à me battre pour survivre en tant qu'être humain et surtout en tant que femme dont la dignité humaine était contestée ». La Tunisie est, à n'en pas douter, l'un des pays arabes les plus avancés en termes de libération de la femme, mais les mentalités, elles, ne sont pas toutes acquises à cette liberté. Sans parler d'un régime qui a recours à la propagande pour maquiller la réalité. « Ici, les femmes sont bien tant qu'elles sont sous verre mais dès qu'elles commencent à vivre, à être actrices de leur société en exerçant des libertés octroyées du bout des doigts, elles sont brutalement confrontées à ce pouvoir qui n'accepte pas la femme comme acteur civil et encore moins comme adversaire politique. » Ainsi, l'engagement de Sihem en faveur des femmes s'est-il fait tout naturellement, et dans la foulée sont venues la politique, la dissidence, l'écriture comme arme de protestation. « Être dans la contestation sociale mène, en fait, à toutes les confrontations. » En exigeant sa dignité de femme,

Sihem revendique aussi ses droits de citoyenne tunisienne. Chemin faisant, elle s'aperçoit que ce respect élémentaire n'est pas seulement dénié à ses consœurs mais à tous ceux qui s'élèvent peu ou prou contre le régime en place. Avant elle, combien de dissidents politiques, journalistes, défenseurs des droits de l'homme, avocats, ont été emprisonnés et harcelés ? Des milliers.

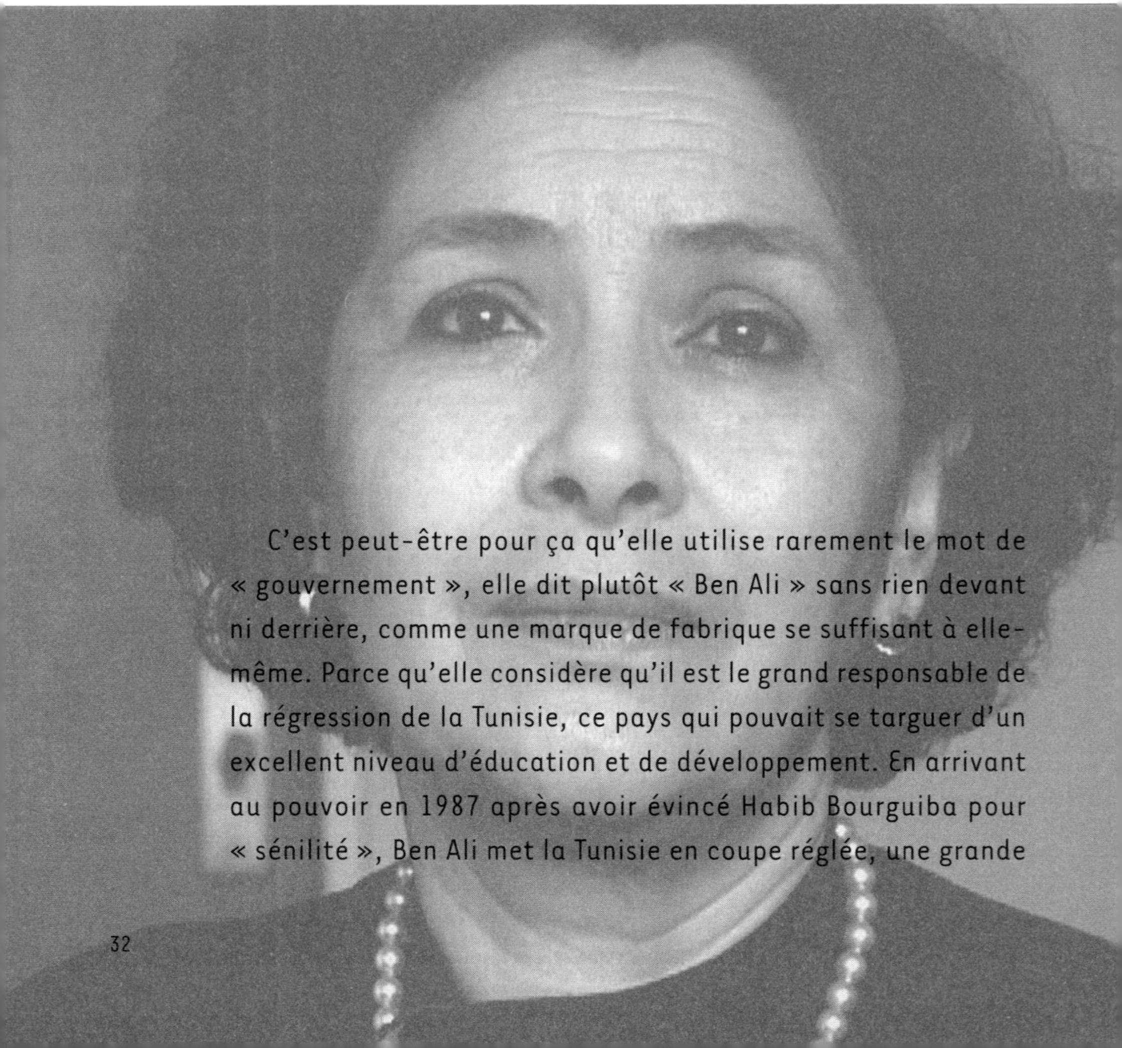

C'est peut-être pour ça qu'elle utilise rarement le mot de « gouvernement », elle dit plutôt « Ben Ali » sans rien devant ni derrière, comme une marque de fabrique se suffisant à elle-même. Parce qu'elle considère qu'il est le grand responsable de la régression de la Tunisie, ce pays qui pouvait se targuer d'un excellent niveau d'éducation et de développement. En arrivant au pouvoir en 1987 après avoir évincé Habib Bourguiba pour « sénilité », Ben Ali met la Tunisie en coupe réglée, une grande partie des richesses du pays tombe dans les escarcelles de son clan et la dérive autoritaire se met en place. Les partis politiques, la presse indépendante, les syndicats, les universités sont interdits ou mis sous tutelle, les moyens d'information et de télécommunications sont sous contrôle. Le général Ben Ali va jusqu'à faire réformer la Constitution afin de pouvoir briguer un quatrième mandat et bénéficier d'une immunité le protégeant contre toutes poursuites devant les tribunaux.

Après des études à Toulouse, en France, Sihem rentre au pays avec une maîtrise de philosophie en poche pour devenir reporter, d'abord pour le journal indépendant et satirique *Le Phare*, puis comme chef de rubrique politique de l'hebdomadaire *Le Maghreb*. Les deux journaux seront interdits ; le premier un an seulement après l'arrivée au pouvoir de Ben Ali, le second sera suspendu trois ans plus tard. Son directeur, Omar S'habou, sera même accusé de « diffamation, publication de fausses nouvelles et offense à l'égard d'un membre du gouvernement » et condamné à quatorze mois de prison. Quand le régime n'a pas prise sur les journalistes eux-mêmes, il exerce une telle pression sur les imprimeurs que les journaux en ligne de mire ne paraissent pas. Sihem ne se démonte pas, journaliste elle est, journaliste elle restera. Sentant l'étau se refermer sur les derniers titres indépendants, elle décide de fonder sa propre maison d'édition avec quelques amis, intellectuels tunisiens et européens. Plusieurs titres vont paraître sous le sceau d'Aloès mais après plusieurs cambriolages commandités par les services spéciaux, les éditions sont mises sous scellés suite à une conférence donnée en ses locaux sur la liberté d'expression. Loin de reconnaître l'arbitraire de cette censure, le régime prétend qu'il ferme la maison d'édition pour des raisons d'hygiène ! « Je ne sais pas de quelle hygiène Ben Ali parlait, probablement de sa propre hygiène que je n'avais pas respectée. De toute façon, en Tunisie, le livre est banni. » Une fois de plus, on dissuade les imprimeurs de travailler avec la maison Aloès, son directeur littéraire, Jean-François Poirier, est expulsé du pays et Sihem doit mettre les clés sous la porte.

banni

Pour décrire le jeu pervers auquel se livre le régime avec les médias ou le monde littéraire, elle aime raconter cette anecdote : Un jour, le directeur de l'Agence France-Presse de Tunis publie une dépêche qui prétend que pour Ben Ali le livre est plus dangereux que les mitraillettes. Pour le punir de tant d'audace, la police politique va lui tendre un piège. Une jeune fille tombe évanouie devant sa voiture ; comme elle est inconsciente, il l'emmène à l'hôpital mais elle se met soudain à crier au viol. Le journaliste français est, en effet, accusé et contraint de quitter le territoire tunisien.

« C'est ainsi que Ben Ali s'est débarrassé
de la dernière plume qui avait osé parler ouvertement
du livre et de sa menace. »

Voilà pour les méthodes. Mise sur écoute, intimidations et menaces en pleine rue, réunions interdites... le quotidien de Sihem devient celui d'une ennemie du régime, une dissidente que les services spéciaux n'élimineront pas – c'est bien trop visible – mais tenteront de miner au compte-gouttes. Et comme Sihem ne se contente pas d'écrire mais s'active aussi au sein d'organisations de défense des droits de l'homme et d'associations féministes, le harcèlement ne fait que commencer. Il atteindra son paroxysme en 2001. Entre-temps, elle a participé à la création du Conseil national pour les libertés en Tunisie dont elle devient porte-parole. Lorsque les autorités lui accordent un passeport, événement très aléatoire, Sihem sillonne les capitales européennes pour dénoncer ce qu'elle appelle la « dictature soft » de Ben Ali. En juin 2001, alors qu'elle rentre d'un voyage à Londres, elle est arrêtée à l'aéroport de Tunis et emprisonnée pour avoir accordé une interview à une chaîne anglaise faisant état de la corruption et du manque d'indépendance de la justice en Tunisie ainsi que de l'usage de la torture dans les commissariats et les prisons. Cela va être son tour. Elle sera tabassée à plusieurs reprises, vivra des conditions de détention sordides mais ce qu'elle va apprendre à faire en prison lui sauve la vie et, plus important encore, protège son équilibre mental.

Elle met en place une technique de déconnexion du réel qui n'amoindrit pas la douleur physique mais rend toute aliénation au tortionnaire relative. « Ce qui lie le tortionnaire à sa victime, c'est la reconnaissance que la victime a de lui, du fait qu'il est son tortionnaire. Il établit le lien de la peur et plus cette peur est présente, plus le pouvoir du tortionnaire est terrible. La douleur qu'il est capable d'infliger est en proportion directe avec ce courant de peur qui passe entre eux. Quand il y a déconnexion, ce courant ne passe plus. Je refuse de rentrer dans la logique du tortionnaire, je ne lui prépare pas le terrain de la peur et du pouvoir. Dès que je me déconnecte, je ne les sens plus, je ne les vois plus. Ils ne sont plus là et il n'y a que mon combat qui compte. » Sihem a conscience que cette technique peut aussi mener à la folie mais jusqu'ici elle l'a plutôt protégée. Sa raison est intacte. Pour autant, elle ne conteste pas la douleur infligée et les coups, « quand la douleur arrive vous ne pouvez pas la nier, c'est bien de vous qu'il s'agit, elle est puissante. Quand vous sentez des pieds sur votre cou, sur votre visage, que vous sentez que vos poumons sont totalement écrasés, on sent la mort proche, on sent qu'on va partir ». Mais Sihem est coriace, passé le moment de torture, elle est déjà dans la reconstruction. Cette mécanique lui donne la liberté dont elle a besoin pour échafauder de nouveaux projets. Après un mois et demi passé à la prison de femmes de la Manouba, elle est provisoirement libérée en attendant son procès. Cette libération surprise est le fruit d'une large mobilisation internationale qui a fini par peser sur les autorités tunisiennes. Un soutien extérieur certes, mais une grande solidarité aussi du peuple tunisien qui, même s'il vit dans la peur et le silence, approuve ceux qui se battent pour le retour de la démocratie. Pour le procès de

Sihem, deux cents avocats vont vouloir assurer sa défense. C'est dire le respect que son combat inspire.

diffamation

Agacé, le pouvoir va aussi tenter les campagnes de diffamation contre Sihem et son mari, Omar Mestiri, et là, il sait où taper pour que ça fasse mal. « C'est douloureux d'être traînée dans la boue, quand la presse de caniveau et les journaux du ministère de l'Intérieur vous traitent de prostituée, de bâtarde, vous collent des choses sur le dos pour mieux casser votre image auprès de la population. » Un photomontage va circuler sous le manteau montrant Sihem en prostituée ou pire, elle se verra accusée d'être un agent impérialo-sioniste au service de l'ambassade d'Israël, une mascarade blessante dans un pays arabe. Pour ces calomnies, Sihem va porter plainte mais elle en a déjà déposé plus d'une quinzaine pour agressions physiques, tortures, violations de la vie privée, sans que jamais la justice ne prenne la peine de lui répondre. À ce régime-là, elle préfère encore la prison. « Avec de telles méthodes, on souffre davantage quand on est à l'extérieur, en soi-disant liberté. Ils vous installent un flic en permanence dans la tête et vous culpabilise de choses que vous n'avez pas commises. Au moins en prison, c'est clair et net, c'est une sanction politique. Dehors, c'est une persécution sournoise. » Dans sa grande pleutrerie, le régime attaque rarement les journalistes de front préférant leur coller des délits de droit commun sur le dos. Ce travail sournois sur l'image est d'ailleurs le fond de commerce du système Ben Ali. C'est ainsi qu'il assure à son pouvoir une vitrine présentable et s'invite à la table des démocraties et de

dictateurs

leurs chefs d'État. Ses bonnes affaires avec les pays européens ne sont en rien entravées par une politique répressive à peine maquillée. Des centaines de rapports existent sur les violations flagrantes des droits fondamentaux en Tunisie mais la politique de l'autruche semble faire loi. « Nous, Tunisiens, sommes blessés par ce double discours des démocraties occidentales qui nous renvoient à certaines valeurs universelles et arrivent chez nous en appliquant de tout autres paramètres, en faisant maintes courbettes à Ben Ali. C'est une façon de nous dire que la démocratie n'est pas bonne pour les bougnoules, que nos dictateurs sont très bien pour nous, du moment qu'ils nous donnent à manger. Voilà comment nous le ressentons. »

Après plusieurs tentatives de dépôt légal pour créer un nouveau magazine, *Kalima*, et autant de refus, Sihem s'est lancée dans le journalisme sur Internet, ultime espace de liberté. Sa plume n'a pas mis d'eau dans son encre et les journalistes qui l'entourent sont tout aussi motivés qu'elle. *Kalima* est donc un journal en ligne dont elle est rédactrice en chef. Son site a été verrouillé en Tunisie mais il est consultable partout ailleurs. La traque continue puisque environ quatre cents agents seraient mobilisés par le ministère des Communications tunisien pour pister les internautes dissidents et surveiller leur navigation. Depuis peu, Sihem a récupéré son passeport et voyage à nouveau. Dehors, elle peut continuer son inlassable travail d'information, faire éditer ses livres ou ses articles. Mais elle ne part jamais longtemps, sa vie est en Tunisie. « Je ne jette pas la pierre à ceux qui ont choisi de s'exiler puisque, pour moi, l'exil est la pire des sanctions que l'on puisse choisir. En partant, on croit choisir la liberté mais on n'est pas libre dans l'exil, on est coupé de ses racines et on souffre. La Tunisie est mon pays, c'est le lieu où je suis interpellée par un combat et je ne peux pas l'abandonner. »

VERA CHIRWA

MALAWI

une mémoire obstinée

par aurine crémieu

« Les jours étaient tristes et les nuits étaient tristes.
Le miaulement du chat vous faisait frémir.
Un matin, une femme se leva, elle serra fortement
son pagne autour de sa taille et dit :
Aujourd'hui, je vous apporterai à manger.
Et les hommes comprirent que ce temps,
s'il enfantait d'autres hommes,
enfantait aussi d'autres femmes[1].»

Elle parle dans un chuchotement. Un vénérable filet de voix qui entre dans sa soixante-quatorzième année et si le silence ne règne pas autour, il vous échappe. « Je suis restée douze ans en isolement presque total, et je suis devenue muette. Quand je suis sortie de prison, j'ai mis des mois avant de prononcer mes premiers mots. Aujourd'hui, je m'essouffle vite. » Péché de pudeur ! Vera Chirwa ne s'essouffle pas, seules ses cordes vocales lui

1. Sembene Ousmane, *Les Bouts de bois de Dieu*, Présence Africaine, 1960.

jouent des tours de temps en temps mais le souffle est bien là, mis au service des hommes et des femmes qui croupissent dans les prisons africaines. Elle pourrait jouer la retraitée paisible, la grand-mère facétieuse mais c'est en fait une irréductible avocate qui, si elle n'a plus beaucoup de voix, a des jambes et de la verve pour remuer le système pénitentiaire de plusieurs pays d'Afrique australe. Elle sait de quoi elle parle pour y avoir fait un long détour. Et contre toute attente, ce ne sont pas des idées de justice ou de politique qui ont décidé du destin de Vera Chirwa. C'est l'amour. Quand elle naît au Nyassaland au début des années trente, ce pays est un vaste territoire sans liberté. Une terre ballottée entre les intérêts des commerçants arabes et portugais, passés maîtres dans la traite d'esclaves, et ceux des Britanniques qui lorgnent sur ce territoire fertile arrosé par les eaux douces du lac Malawi. Vera vient au monde avec la peau noire, à l'heure où les empires se partagent l'immense Afrique. Les enfants bantous d'alors n'ont pas leur mot à dire, bienheureux s'ils échappent aux cales des bateaux négriers. Elle grandit dans les rumeurs d'une capitale qui tombe finalement aux mains des Anglais.

Pour les peuples bantous, les Britanniques ont un avantage sur les autres puissances coloniales du moment, ils sont contre l'esclavage. Ils l'abolissent donc tout en assurant un protectorat sur le Nyassaland. Les marchandises affluent du Mozambique et de la Tanzanie voisine, ils ont bien l'intention de rester un moment. Le peuple, lui, en décide autrement. Dans les années 1950, la révolte gronde, les Nègres en ont assez de vivre sous le joug anglais. Des voix dissidentes s'organisent et font éclater cette aspiration viscérale à l'indépendance propre à tout peuple vivant sous l'autorité d'un autre. Parmi elles, il y a Vera, devenue jeune avocate, et Orton Chirwa, dont elle est très amoureuse. Ils ont fait tous les deux leurs études de droit en Grande-Bretagne, le pays « protecteur ». Orton est l'un des fondateurs du Parti du Congrès du Malawi, déclaré illégal par la force coloniale. C'est un avocat brillant, promis à un grand avenir politique si la lutte pour l'indépendance triomphe. Ensemble, ils s'engagent avec passion dans une vaste campagne de désobéissance civile qui commence en 1959. Elle va durer cinq longues années et sonner le glas de l'ère coloniale. Évidemment, la répression qui s'abat sur eux est féroce mais leur détermination l'est tout autant. Pendant ces années de lutte, Vera et Orton retrouvent le docteur Hastings Kamuzu Banda qui rentre au pays après un long exil politique. Ils sont amis et fêtent ensemble cette belle journée du 6 juillet 1964 où le Nyassaland devient enfin le Malawi indépendant. Orton Chirwa, conscient du charisme de son ami Kamuzu Banda, se met un peu en retrait du Parti du Congrès du Malawi et le laisse prendre les rênes du pays. Seule Vera peut dire aujourd'hui que ce fut sans doute « la décision la plus généreuse et la plus dangereuse » que son mari n'ait jamais prise. Mais comment savoir, alors que le peuple est en liesse pour fêter la naissance d'une nouvelle nation, que le dissident d'hier va se transformer, le lendemain, en despote ? Le premier signe de cette dérive ne se fait pas attendre.

L'indépendance à peine proclamée, la nouvelle Constitution du Malawi nomme Kamuzu Banda président à vie. Il va régner en maître sur le Malawi pendant trente ans. Orton devient son ministre de la Justice mais sent vite souffler les vents mauvais.

Quand Banda ordonne l'élimination réglée d'opposants politiques, plusieurs ministres s'y opposent. Orton et Vera osent dire leur désaccord à leur ancien compagnon de lutte, il ne le leur pardonnera pas. Le ministre Chirwa est brutalement révoqué alors que le premier gouvernement indépendant malawite n'existe que depuis quelques semaines. Contraint de s'exiler, le couple s'installe en Tanzanie. Entre-temps, un premier fils est né. Vera trouve rapidement du travail et devient procureur général. « Il n'était pas question pour nous de baisser les bras malgré notre exil. Nous ne pouvions pas recommencer notre vie en Tanzanie comme si de rien n'était. Avec Orton, nous avions tant lutté pour un Malawi libre. » Déprimés l'un et l'autre par leur pays qui sombre dans la dictature, ils reprennent leur engagement politique et créent le Mouvement de Libération du Malawi (Malawi Freedom Movement), seule formation politique malawite en exil. Ils s'aiment, ont d'autres enfants, défient menaces et intimidations. Vera commence même à enseigner le droit à l'université de Lusaka, en Zambie. Avec cette belle énergie qui lui sauvera plus tard la vie, elle partage son temps entre une famille nombreuse, son travail et la politique aux côtés de son homme. Les années passent, heureuses malgré l'exil forcé. Mais en décembre 1981, tout bascule. C'est la veille de Noël et les Chirwa sont en Zambie pour rendre visite à des

mouvement
de libération
du Malawi

parents malades. Ils sont enlevés par des membres des services de sécurité malawites. Ramenés manu militari au Malawi, ils passent devant un « tribunal traditionnel » qui leur refuse l'assistance d'un avocat et toute comparution de témoins.

> « C'était une parodie de procès et nous étions sidérés de voir de quelle façon la justice nous traitait, de quelle manière les juges appliquaient aveuglément la décision dictée par Banda. Ils n'avaient aucune preuve contre nous. Quand je leur ai demandé sur quoi ils basaient leur accusation, ils ont répondu sans vergogne : "Sur rien mais vous êtes tout de même coupables." »

Faute de toute défense possible, le verdict tombe : Vera et Norton Chirwa, accusés de haute trahison, sont condamnés à mort. En attendant l'exécution de la sentence, ils partent en cachots d'isolement dans la sinistre prison centrale de Zomba. Elle pense alors que c'est la dernière fois qu'elle voit Orton et l'angoisse la submerge. Dans le quartier des femmes, elle découvre la torture et des conditions de détentions infâmes. Ses enfants ne sont pas autorisés à lui rendre visite, elle est coupée du monde et de toute humanité palpable et se retranche finalement dans la prière. Vera croit en Dieu depuis qu'elle est toute

condamnés à mort

petite et c'est ce qui va la faire tenir. En 1984, du fond de sa cellule, elle ne sait rien des millions de lettres qui circulent dans le monde pour demander leur libération.

Les époux Chirwa sont considérés comme des prisonniers d'opinion, adoptés par Amnesty International et les appels en leur faveur se multiplient. Pour ne pas perdre la face, le président à vie Kamuzu Banda fait un geste : il commue la peine de mort en peine d'emprisonnement à vie. Commencent alors de longues années d'obscurité, de crasse et de mutisme. Orton subit des mauvais traitements et souffre de malnutrition, sa santé se détériore rapidement. Très faible, il perd d'abord l'ouïe puis la cataracte le rend presque aveugle. En l'absence de soins, les choses ne vont qu'empirer. Voilà bientôt dix ans qu'ils sont emprisonnés quand, toujours sous la pression internationale, Banda autorise la visite d'une délégation d'avocats britanniques qui souhaite rencontrer les Chirwa. En ce mois de septembre 1992, après huit ans de séparation, c'est la première fois que Vera revoit Orton, son vieil homme épuisé et malade. Il a soixante-treize ans. Les juristes britanniques sont sidérés de constater les conditions de vie des prisonniers politiques et s'insurgent devant l'état de santé d'Orton Chirwa. Kamuzu Banda reste de marbre. Trois semaines plus tard, Orton meurt dans sa cellule d'isolement. « Ils me l'ont tué », chuchote Vera. Elle ne sera pas autorisée à assister à l'enterrement de l'homme de sa vie et ne sera libérée « pour raisons humanitaires » que trois mois plus tard, après douze ans de prison. La première chose qu'elle fait est bien sûr de se rendre sur la tombe d'Orton. La seconde est de se dire que, à soixante ans, elle a encore suffisamment de forces pour soulever des montagnes. Quand elle sort de la prison centrale de Zomba, le Malawi est en effervescence. Après trente ans de règne sans partage, le dictateur vacille et se voit contraint d'accepter le multipartisme en juin 1993. Il perd la présidence, mieux il est arrêté, jugé et inculpé pour le meurtre de trois ministres et d'un parlementaire. Le compte de ses victimes n'y est pas mais le despote est mis hors d'état de nuire. En quelques décennies, le Malawi, terre fertile et baignée de lacs, est devenu une terre de misère, l'un des pays les plus pauvres du monde. Vera ne s'y trompe pas, « il y a dans mon pays un dossier en totale détresse, celui des femmes. Le Malawi est plein de veuves et d'orphelins dépossédés de tous biens et surtout de tous droits sociaux, politiques et économiques. Il fallait que je fasse quelque chose pour eux ». Quelques mois d'une liberté retrouvée et la voilà déjà qui fonde Malawi CARER[1].

Pour atteindre les populations analphabètes des zones rurales, Vera choisit la pédagogie par le théâtre et forme, elle-même, des éducateurs dans les villages. En traversant ainsi le pays, elle constate un peu partout les ravages du virus de la misère puis de celui qui décime l'Afrique, le VIH. Dans l'urgence, Malawi CARER devient l'une des organisations les plus actives

1. Centre for Advice, Research and Education on Rights est une organisation non gouvernementale qui propose une aide juridique gratuite et des programmes d'éducation pour les femmes.

auprès des malades du sida dans cette région australe. Autant de terrains de lutte qui absorbent Vera « la grande veuve ». Ses enfants sont grands, certains vivent toujours en exil, d'autres sont revenus au Malawi pour se rapprocher d'elle. Elle a des petits-enfants en pagaille et quand, enfin, elle pourrait jouer les mamies gâteaux, la Commission africaine des droits de l'homme et des peuples (CADHP) la nomme rapporteur spécial sur les prisons et les conditions de détention en Afrique. « Cela ne se refuse pas ! » clame l'avocate, plutôt honorée. Ainsi, depuis 2000, Vera Chirwa fait le tour des prisons, des commissariats, des centres disciplinaires et des ministères de Namibie, du Mozambique, du Kenya, de Tanzanie, de l'Ouganda et du Malawi. Avec une petite équipe, elle mène des enquêtes sur les conditions de détention, demande des comptes aux ministres de la Justice, aux directeurs de prisons[2]. Certains restent médusés de la voir ouvrir les portes des cellules, discuter avec les prisonniers, goûter leur nourriture. « J'ai beau être passée par là, je suis toujours choquée de l'état déplorable des prisons africaines. Beaucoup de détenus n'ont ni lit ni toilettes, pas de savon et encore moins de couverture. La crasse dans laquelle ils vivent est inimaginable. » Dans ses rapports, l'ancienne avocate, prisonnière politique et veuve de ministre, ne mâche pas ses mots, au risque de froisser les jeux diplomatiques de la région. À son sourire malicieux, on voit bien qu'elle prend plaisir à mettre les pieds dans le plat. La Commission se réunit deux fois par an, en mai et en octobre. Les rapporteurs spéciaux exigent alors la présence des représentants des États mis en cause et des ONG. « Une vraie foire d'empoigne. Pas un État qui ne conteste mes rapports et mes déclarations, en toute mauvaise foi. » Mais encore. Cela suffit-il à réformer le système pénitentiaire ? Pour Vera, comme pour tout militant des droits de l'homme, le fait de pointer du doigt un État n'est bien sûr pas suffisant. Même si elle s'applique à remplir sa mission de rapporteur spécial, elle n'est pas dupe. Ce qu'il faudrait, c'est une cour

2. Vera Chirwa est toujours accompagnée d'un membre de Penal Reform International, organisation non gouvernementale qui milite pour l'adoption de réformes pénales, l'amélioration des conditions de détention et contre la peine de mort. PRI dispose du statut d'observateur auprès de la Commission africaine des droits de l'homme et des peuples.

de justice africaine « capable d'accueillir les plaintes de tout citoyen victime d'une injustice ou d'une violation flagrante de ses droits ». Elle soutient avec ferveur ce projet auprès de l'Organisation de l'unité africaine (OUA) qui n'est pas opposée à l'idée, dans le principe. Il faudra du temps. Et le temps, c'est justement ce qu'il manque à Vera Chirwa. Elle va avoir soixante-quatorze ans et elle court, elle court. Le souffle est toujours là. C'est un peu comme si la petite voix de cette grande dame nous murmurait :

« Unité et liberté,
c'est la devise du Malawi,
ce rêve auquel nous avons donné vie
un jour de 1964. »

CHRISTINE C.

FRANCE

le prix de la liberté retrouvée

par hélène jullien

« Tu vas plier ou tu vas casser[1]. »

Cette grande jeune femme en blouson de cuir et jeans, les cheveux coupés à la garçonne, a des allures de mannequin. En la voyant aujourd'hui, personne ne pourrait imaginer que Christine sort de dix ans d'enfer. Il y a quelques mois, elle a eu le courage de quitter un mari violent, agressif, qui l'a harcelée, maltraitée, dénigrée pendant des années, lui faisant peu à peu perdre pied jusqu'à tomber dans un état dépressif. Cet homme séducteur et brillant l'a d'abord fascinée, avant de se révéler destructeur et profondément pervers.

Ils se sont connus il y a dix ans à Paris. Elle travaillait dans le tourisme, il était au chômage après plusieurs années passées dans la pub et exposait de temps en temps ses peintures. Elle l'a trouvé intelligent et infiniment séduisant et est tout de suite tombée sous le charme de cet homme cultivé. Ils partageaient la même passion des voyages, et le même intérêt pour l'art. « J'étais

1. Rodrigo à sa femme Dolores.

fascinée, je l'ai mis sur un piédestal. » Christine, qui vient à son tour d'être licenciée, décide au bout de quelques mois de louer une maison dans le Midi, dont elle est originaire, pour se rapprocher de François. Ils se voient tous les week-ends. Mais très vite, la belle histoire connaît ses premiers accrocs : « Dès que j'avais un désir, des idées, ce n'était jamais bien. Il disait que je m'exprimais mal, il me reprenait sans cesse. » Poussée par son compagnon, elle abandonne ses projets de formation et passe son bac par correspondance. Au début, la jeune femme ne s'inquiète pas, elle prend ses remarques incessantes pour une forme d'attention, mais peu à peu la pression devient plus forte, François veut tout contrôler. Il choisit ses livres, ses habits, ses bijoux. Il se montre de plus en plus possessif et jaloux. « J'avais plus confiance en lui qu'en moi-même, reconnaît aujourd'hui Christine, je me laissais faire, mais il ne me laissait pas de place. » Ils n'habitaient pas ensemble, et ne se retrouvaient que les week-ends, et la jeune femme reconnaît qu'elle avait du mal à réaliser ce qui se passait vraiment. Mais l'entreprise de sape insidieuse ne fait que débuter : François dénigre systématiquement son passé mouvementé. La traitant de fragile et d'instable – elle a quitté ses parents à dix-sept ans, juste avant le bac, pour suivre son premier mari, puis fait une dépression au moment du divorce –, il lui reproche aussi d'avoir toujours vécu aux crochets des hommes qu'elle a connus et de n'avoir jamais rien construit, « alors que j'avais toujours travaillé comme saisonnière et que lui était à présent au RMI ».

pression

menaces

Lassés de son agressivité permanente, de son attitude envers Christine – il ne la laisse pas parler, lui coupe sans arrêt la parole –, ses amis peu à peu ne viennent plus la voir. Ils lui disent de réagir, de le quitter. Mais Christine est toujours amoureuse de cet homme au profil très versatile : il peut être séducteur et drôle dans ses bons jours, violent et odieux les mauvais jours. Quand il est colère, il adopte des attitudes extrêmement menaçantes : il fonce vers elle la tête en avant, la repousse avec son poing, la bouscule dans l'escalier. À la suite d'une énième dispute, quand elle s'endort enfin épuisée, il vient la réveiller, lui mettant la lampe en pleine figure, pour lui crier : « Alors, tu n'as plus rien à dire. » Ce manque de respect, ses changements d'humeur perpétuels, ses menaces, ses cris usent et déstabilisent de plus en plus la jeune femme. Mais elle est sous l'emprise de cet homme qui pourtant « lui fait peur ». Une forme très fréquente de violence conjugale, puisque selon la première enquête nationale sur les violences envers les femmes réalisée en 2000 par l'ENVEFF[2], 24,2 % des femmes interrogées subissent des pressions psychologiques répétées et 7,7 % sont victimes de harcèlement moral[3]. C'est dans le huis clos de la sphère

---

2. Une enquête réalisée sur un échantillon de 6 970 femmes âgées de vingt à cinquante-neuf ans, et commanditée par le Service des droits des femmes et le secrétariat d'État au Droit des femmes.

3. Selon les critères de l'enquête, les victimes de harcèlement moral ont subi des pressions psychologiques de trois ordres : attitude de dénigrement, actions de contrôle (exiger de savoir avec qui l'autre était, l'empêcher de parler à quelqu'un...), d'autorité (imposer sa façon de s'habiller, de se coiffer, de se comporter en public).

conjugale que les violences sont les plus importantes. Des milliers de femmes, de toutes conditions sociales, subissent au quotidien menaces verbales et physiques, mais reçoivent aussi des coups, parfois jusqu'à la mort. En France, chaque mois, six femmes en meurent et dans l'ensemble des quinze États de l'Union européenne (avant l'élargissement) près de six cents femmes succombaient chaque année des suites des sévices subis.

sévices

Il faudra près de dix ans à Christine pour arriver enfin à quitter son mari. Auparavant, elle avait fait deux tentatives de séparation, mais à coups de *mea-culpa* et de promesses de changement, il avait réussit à chaque fois à la convaincre de revenir. François qui traverse des déboires professionnels et familiaux va devenir de plus en plus violent. Il a fini par accepter la proposition de ses parents de venir travailler à leurs côtés pour développer la communication de l'entreprise familiale. « Ça me semblait absurde, ils s'entendaient très mal. Je lui ai dit : "Tu vas signer pour l'enfer." » Un pronostic qui s'avère exact, François se dispute sans arrêt avec ses parents, et notamment avec sa mère, personnage très dominateur avec qui il a toujours eu des rapports durs, parfois violents.

Christine va mal, et un soir de déprime elle sniffe de l'héroïne. Très vite, elle se met à en prendre chaque week-end avant qu'il n'arrive, pour tenir le coup. Elle abandonne ses études d'art à la fac, devient accro à la drogue. Paumée et affaiblie, elle finit par lui avouer qu'elle prend de l'héroïne car, depuis des mois, cet homme profondément narcissique, empêtré dans ses propres problèmes, n'avait rien vu, rien compris du malaise de sa compagne.

À ce moment-là, elle accepte de venir habiter avec lui et le couple emménage juste à côté des parents de François, dans une immense maison qui n'a pas été habitée depuis des années. Pour Christine, c'est un nouveau départ. Une fois de plus, elle veut y croire. Elle décroche de l'héroïne, suit un traitement de substitution au Subutex et se lance à fond dans les travaux. Elle ponce les parquets, remet la maison en état. Lui ne fait rien, et très vite l'insulte à nouveau. Cet homme à l'allure distinguée, qui aime « théoriser sur tout », peut alors devenir ordurier et ignoble et la voiture devient souvent un lieu privilégié pour les règlements de comptes.

« Il adorait me faire peur. Il roulait à fond à 180 km/h. J'étais comme prise en otage, je me disais : tu vas mourir. »

Quelques mois plus tard, après une nouvelle tentative de séparation ratée, elle tombe enceinte. Elle est heureuse, mais aussi inquiète de sa réaction. Il la rassure, paraît content : « C'est un moment où il a été présent », dit-elle, presque avec étonnement. En fait, elle aura des jumeaux. Mais l'accalmie est de courte durée et l'arrivée des bébés n'arrange rien. Il ne se lève jamais la nuit, ne s'en occupe pas. Il reprend l'entreprise familiale et traverse de graves difficultés professionnelles. Les violences se multiplient : il la bouscule sans arrêt, lui donne des coups de poing dans les jambes, la pousse dans les escaliers. En grandissant, les enfants assistent souvent à des scènes très dures. « Une fois, à deux ans et demi, ma fille a été vers lui et lui a dit : "Ne pousse pas maman." »

La jeune femme déprime, « je n'avais plus d'envies, je ne parlais plus à personne, j'étais de plus en plus souvent prostrée, toujours fatiguée ». Quand elle parle de François, elle dit souvent, comme pour essayer de prendre de la distance avec ce mari qui la fascine toujours un peu : « monsieur » en appuyant avec ironie sur la première syllabe.

Et puis, le jour de Noël 2003, tout bascule. Après l'ouverture des cadeaux, la famille part se promener en voiture. Depuis le matin, François est d'une humeur exécrable, Christine est angoissée. Et soudain, une bagarre éclate pour rien. Elle s'arrête, ils marchent quelques mètres. Il lui reproche en hurlant d'avoir choisi un coin sans soleil et pour une fois, sans doute la première, Christine répond sur le même ton, lui dit en criant : « Ça suffit, arrête, tu ne vas pas bien. » Une réaction qui l'exaspère et soudain, il lui envoie un coup de tête très violent, qui la fait saigner du nez. C'est un coup de trop et, sans rien dire, elle dépose sa première main courante, certificat médical à l'appui. Six mois plus tard, après une scène terrible où il la tire par les cheveux, la bourre de coups de poing et la couvre d'insultes, elle part « ses deux enfants sous le bras ». Elle abandonne tout derrière elle : « une vie confortable, une jolie maison... ». Débute alors un mois et demi d'errance : avec ses deux bouts de chou âgés de trois ans, elle va changer sept fois de domicile.

Elle décide de retourner vivre à Paris, où elle a des amis et espère trouver un travail, loin, très loin de François. Une assistante sociale lui parle du foyer Louise-Labé, seul centre spécialisé dans l'accueil des victimes de violences conjugales à Paris. Elle y est logée aujourd'hui dans un petit appartement qu'elle partage avec une autre femme[4]. Elle tente de s'y reconstruire et travaille sur son histoire avec la psychologue du foyer. Mais il est difficile pour elle de tourner la page, de prendre du recul : « Le passé est toujours beaucoup plus présent que le futur. » Il lui faudra sans doute des mois pour se retrouver et échapper totalement à l'influence exercée par son mari pendant des années. Les femmes qui arrivent au foyer Louise-Labé, dans un état de très grande fragilité émotionnelle, y restent en moyenne dix-huit mois. Une période indispensable, selon Catherine Valadaud, chef de service, pour retrouver estime et confiance en soi, avant même d'envisager des démarches pour rechercher du travail ou un logement. « Pour ces femmes, l'audience de conciliation, qui a souvent lieu dans les six mois qui suivent leur arrivée, est un moment important.

Le juge dit la loi et, pour la première fois,
elles s'aperçoivent qu'elles peuvent affronter leur mari,
son image de toute-puissance tombe.

4. Le foyer gère quelques logements où logent actuellement une dizaine de femmes et leurs enfants, ainsi qu'un hébergement d'urgence.

Après, nous travaillons avec elles pour qu'elles apprennent à dire non, à se dégager de l'emprise de leur compagnon. »

Dans cette association créée en 1983 par des féministes – les mouvements féministes ont été les premiers à attirer l'attention sur ces violences restées trop longtemps taboues, sous prétexte qu'elles se déroulaient dans la sphère privée –, plus de deux cents femmes sont suivies chaque année au cours d'entretiens-conseils. Des femmes souvent complètement déstabilisées à qui l'association propose une aide juridique et un suivi psychologique. Certaines vont mettre un ou deux ans pour trouver le courage de s'en aller. Car la rupture, c'est aussi repartir de zéro : abandonner son logement, ses repères, mais aussi son travail pour être sûre de ne pas être retrouvée. Beaucoup d'entre elles ne veulent pas porter plainte, certaines par attachement à leur compagnon – 18 % de femmes victimes de violences répétées se disent toujours amoureuses –, d'autres par culpabilité. L'association les pousse pourtant à le faire, car pour se reconstruire, il faut d'abord qu'elles soient reconnues comme victimes.

Contrairement à une idée reçue, la violence n'est pas liée à la pauvreté ni à l'alcool, et les auteurs de violence se retrouvent dans toutes les catégories sociales. « Si dans notre structure d'hébergement, la plupart des femmes sont d'origine immigrée et souvent de condition modeste, parmi les deux cents femmes que nous recevons en entretien, souligne Catherine Valalaud, 40 % sont des cadres. » Selon un rapport présenté devant le Conseil de l'Europe à Strasbourg en septembre 2002[5], « l'incidence de la violence domestique semble augmenter avec les revenus et le niveau d'instruction ». Ainsi, d'après ce rapport, aux Pays-Bas, par exemple, près de la moitié des auteurs d'actes de violence à l'égard des femmes possèdent un diplôme universitaire. Le psychologue Alain Legrand, président de SOS Violences familiales, qui suit en thérapie des auteurs de violence conjugale depuis plus de quinze années, souligne que la quasi-totalité de ces hommes ont eux-mêmes subi ce type de violences, soit en tant que témoins, soit parce qu'ils ont été « directement impliqués dans les scènes de violence » et qu'ils ont baigné « dans un climat d'agressivité ambiante ». Pour lui, ce recours à la violence résulte de troubles de la personnalité, notamment liés au manque d'estime de soi, avec souvent des troubles dépressifs, mais aussi de « revendications narcissiques » de toute-puissance, s'exerçant sur un mode agressif, de mépris et de dévalorisation de l'autre. Des troubles qui se caractérisent aussi par une incapacité à gérer et à contrôler ses émotions et ses pulsions.

Quelques mois après sa séparation, Christine reste nerveuse et angoissée. Il y a l'absence de travail, d'un logement à elle, la peur de l'avenir qui la taraude. Elle s'inquiète beaucoup des relations futures avec celui qui reste le père de ses enfants et a obtenu un droit de visite. Elle craint qu'il ne manipule ses enfants encore très jeunes. Mais elle mesure aussi le chemin parcouru : elle est fière

5. Rapport sur les violences domestiques, d'Olga Keltosova.

d'avoir réussi à le quitter, de se prendre en charge, et dit qu'elle recommence à sourire et à rire. Elle a l'envie et l'énergie de reconstruire un avenir pour elle et ses enfants, loin de toute forme de violence et de rapports de force dévastateurs. Elle a demandé le divorce pour faute, car elle veut qu'il assume enfin ce qu'il a fait.

ANGELA DAVIS

ÉTATS-UNIS

femme, noire et communiste

par aurine crémieu

« Dans le feu de notre course aux droits humains fondamentaux, nous Noirs, avons toujours été invités à la patience. On nous assure que, si toutefois nous conservons notre foi en l'ordre démocratique *existant*, l'heure glorieuse viendra finalement où nous deviendrons des êtres humains à part entière[1]. »

Une chevelure afro sur un visage résolu ; un regard calme avec tous les indices de la passion qui frissonne à fleur de peau, noire. Aujourd'hui sexagénaire, Angela est toujours aussi belle, quelques mèches blanches dans son opulente chevelure lui donnent un air plus sage. Ne vous y fiez pas ! Dès qu'elle a un micro ou un auditoire devant elle, sa voix grave reprend du mordant, hier pour George Jackson, aujourd'hui pour Mumia Abu Jamal,

1. Citation extraite de lettres et articles écrits par Angela Davis lors de sa détention dans la prison du comté de Marin, en 1971.

contre la peine de mort ou « l'industrie pénitentiaire ». L'habitude des amphithéâtres et des grands rassemblements en a fait une oratrice habile ; une femme à l'éclat singulier qui, quand elle sourit, révèle les dents évasées d'un certain bonheur. Le secret de cette force repose sur deux piliers : culture et praxis. Le premier lui confère une maîtrise des concepts et du verbe. Le deuxième est une notion héritée de son mentor, Herbert Marcuse. Lorsqu'elle croise à la fac de San Diego ce philosophe allemand émigré aux États-Unis pour fuir le national-socialisme, elle est immédiatement séduite par ses théories. L'homme est fascinant, une pensée vive qui fuit l'abstraction. Il fut l'élève de Heidegger et puise chez Hegel la théorie d'une mission « subversive » de la philosophie. Celle-ci éveille chez les individus le désir d'un monde meilleur, en les obligeant à prendre conscience de la distance qui sépare la réalité de l'idéal auquel ils aspirent. Convaincu que l'individu doit se rebeller contre le système pour exister, Marcuse croit aux vertus matérialistes de la « praxis » chère à Marx. Soit une réflexion de la pratique humaine qui cherche moins à interpréter le monde qu'à le changer. Cela donne une pensée à cheval entre l'idéologie et la philosophie mais dans les années 1960, c'est ce qui fait vibrer les étudiants américains. Angela fait partie de ceux-là, elle mise sur la praxis comme remède à l'abstraction. Entre refus de la guerre du Vietnam, ère postindustrielle et libération sexuelle, les années de sa jeunesse portent un mot aux nues : Révolution. Depuis ce temps-là, Angela Davis n'a aucun mal à mêler son amour de la philosophie à ses engagements politiques. Hegel et

Aristote le jour, tracts et pétitions la nuit. Plus qu'une guerrière, c'est une philosophe et ses adversaires vous diront que c'est bien plus dangereux.

Quand elle adhère au parti communiste et qu'elle rejoint les Black Panthers[2] en 1968, elle ne sait pas encore qu'elle deviendra une icône de la lutte pour les droits civiques, que des posters d'elle couvriront les murs de chambres d'adolescents et d'associations… À ce moment-là, c'est encore une femme ébranlée, qui pleure parce qu'on vient d'assassiner Martin Luther King. Ils seront plus de 100 000 dans les rues d'Atlanta pour assister aux funérailles de cet homme de paix. Angela a vingt-quatre ans et ne se fait guère d'illusions. La réalité des Noirs de cette Amérique raciste et blanche, elle connaît ; elle qui vient d'une ville symbole, Birmingham, Alabama, autant dire la ville de la ségrégation. Le quartier dans lequel elle a grandi est surnommé « Dynamite Hill » à cause du nombre de maisons d'Afro-Américains dynamitées par le Ku Klux Klan[3]. Comme beaucoup d'autres familles noires, celle des Davis était cernée et soumise aux caprices de ces

---

2. Groupe de libération des Noirs fondé à Oakland (Californie) en 1966. Les Panthères noires formèrent d'abord des milices d'autodéfense dans les ghettos puis se constituèrent en parti politique.

3. Société secrète raciste fondée peu après la guerre de Sécession. Très violent, le KKK est interdit en 1877 puis recréé en 1915. Ses membres prônent la suprématie blanche et commettent des actes d'intimidation, de représailles et des assassinats.

croisés fanatiques. Leur châtiment pouvait tomber sur elle à n'importe quel moment. La seule solution était donc de quitter cette ville damnée. C'est ce que va faire la mère d'Angela en l'emmenant avec elle pour un grand saut dans l'inconnu : New York. Changement radical ! Ici, tout est fait pour que l'esprit s'ouvre au monde et que la conscience s'aiguise. Dans son école progressiste de Greenwich Village, Angela découvre que les Noirs ne sont pas les seuls parias de l'Amérique. Plusieurs de ses professeurs sont passés sous les fourches Caudines de la chasse aux sorcières du maccarthysme[4]. D'une ségrégation l'autre, il faut se serrer les coudes ! Dans les conversations familiales ou les dîners entre amis, il est souvent question de communisme, de justice, de révolution à mener, mais Angela prend son temps pour se forger une opinion. Même si elle a clairement identifié les oppresseurs et les victimes, elle ne veut pas se jeter dans la bataille tout de suite.

4. De Joseph McCarthy, sénateur américain qui encouragea, dans les années 1950, une politique de délation et de persécution contre des personnalités taxées de sympathies communistes.

À vingt ans et contre toute attente, elle choisit d'étudier le français et la philosophie.

Humanisme, universalisme… les -ismes des Lumières la happent vers l'Europe. La voilà qui rapplique à la Sorbonne, à Paris, puis en Allemagne, à l'université Goethe de Francfort. Trois ans de bonheur. Le bouillonnement intellectuel du Vieux Monde et de ses brillants philosophes la repose du spectre de la ségrégation raciale. Elle prend volontiers son temps pour flâner à Saint-Germain-des-Prés, dans les bibliothèques et les salles d'art et d'essai. En 1963, elle est toujours en Europe quand la haine du Ku Klux Klan la rattrape. À Birmingham, sa ville natale, quatre jeunes Noires qu'elle connaît sont tuées dans l'explosion d'une église baptiste. Elle vient d'obtenir une bourse pour continuer ses études à Francfort mais sent vite que, de l'autre côté de l'Atlantique, la lutte de ses « frères » est un enjeu plus important. Elle rentre. Elle a pris le goût des études et les philosophes lui ont enseigné que la connaissance fourbit aussi les armes de la révolte. À la tyrannie de l'homme blanc américain, elle veut opposer l'intelligence d'une femme noire afro-américaine. De retour à San Diego, elle va voir Herbert Marcuse qui accepte de travailler avec elle. L'opposition à la guerre du Vietnam fait rage et la lutte pour les droits civiques se radicalise avec l'émergence d'un *black power.* Angela met la praxis à l'épreuve des faits. Elle devient chargée de cours de philo à la fameuse université de Californie de Los Angeles, y organise le mouvement noir tout en participant aux réunions de la cellule Che Lumumba du parti

afro-américaine

communiste. Dans la paranoïa ambiante qui règne alors aux États-Unis, il n'est pas rare que les autorités fassent infiltrer les universités. Il se trouve que l'un des étudiants d'Angela est membre du FBI (Federal Bureau of Investigation) et il ne tarde pas à la dénoncer. Ronald Reagan, alors sénateur de Californie, demande qu'une enquête soit menée sur son cas et comme elle ne nie pas son appartenance au parti communiste, elle est expulsée de l'université. Désormais, les services de renseignements garderont toujours un œil sur elle. Dans le même temps, Edgar Hoover, alors directeur du FBI, décide de renforcer la répression contre les Black Panthers.

« Bien souvent, notre survie même a été directement fonction de notre aptitude à nous forger des moyens de résistance efficaces. Parfois, la résistance nous a amenés à violer ouvertement des lois qui, de façon directe ou détournée, consolident notre oppression[5]. »

Sans sa rencontre avec le mouvement des Black Panthers, sa vie n'aurait pas été la même. Elle n'aurait pas eu, par exemple, cette mystérieuse histoire d'amour avec George Jackson et n'aurait peut-être jamais eu à écrire depuis une cellule de prison. Un amour qui flotte encore aujourd'hui entre mythe et réalité ;

5. *Cf.* note p. 66.

personne, si ce n'est Angela, ne sait vraiment ce qui s'est passé entre elle et George. Quand elle le voit pour la première fois, il est enchaîné dans un tribunal. À vingt-huit ans, il vient de passer onze ans en prison pour complicité d'un vol de 70 dollars dans une station-service. Les lettres qu'ils vont s'écrire forment un condensé politique de toute la réflexion du *black power* de l'époque. Angela estime que George est victime d'une erreur judiciaire – elle n'est pas la seule à le penser –, une victime supplémentaire de cette machine à broyer les Noirs et les pauvres qu'est le système carcéral américain qu'elle qualifie « d'industrie de la punition ». Pour elle, c'était et cela reste aujourd'hui la grande honte de l'Amérique. Alors que George Jackson doit être bientôt libéré, l'affaire des Frères Soledad lui tombe dessus et emporte Angela dans son engrenage.

Œuvre machiavélique du FBI ou simple tentative d'évasion manquée, l'histoire n'a pas tranché mais l'affaire reste exemplaire. En 1970, George et deux autres détenus de la prison de Soledad, Fleeta Drumgo et John Clutchette, sont accusés d'avoir tué un maton. Ils risquent la peine capitale. Or, bizarrement, ces trois hommes sont des Black Panthers, « ils ont été accusés du crime de ce gardien non pas parce qu'ils étaient coupables mais parce que la direction voulait mettre un terme à leurs activités politiques au sein de la prison ». Un comité de défense est immédiatement constitué au sein duquel elle se lie d'amitié avec Jonathan Jackson, le jeune frère de George. Ensuite, tout va très vite. Au mois d'août, un procès au tribunal de Marin County doit définitivement condamner les trois hommes quand Jonathan fait irruption pour les libérer prenant en otage le juge, le procureur et un juré. S'ensuit une grosse fusillade, un magistrat blanc et quatre Noirs, dont Jonathan, tombent sous les balles. Angela, dont les liens avec George sont connus, est aussitôt accusée d'avoir fourni des armes à Jonathan, certains papiers à charge montrent qu'elles ont été enregistrées à son nom. À l'annonce de son mandat d'arrêt, son premier réflexe est la fuite. Des semaines de cavale qui vont tenir l'Amérique en haleine et font d'elle une sorte de reine des bandits héroïque. Des messages de solidarité en sa faveur fusent de tous les coins du pays alors qu'elle intègre la liste des dix personnes les plus recherchées par le FBI. Après avoir nargué tous les Fédéraux lancés à ses trousses, Angela est finalement arrêtée dans un motel de New York et jetée dans une prison pour femmes. La voilà accusée de meurtre, kidnapping et conspiration. Dans une autre prison de Californie, un gardien tire à bout portant sur George Jackson.

FBI

Une icône est née. Des photos d'Angela Davis circulent dans le monde entier, des comités Free Angela réclament un peu partout sa libération immédiate. Ce visage buté à la coiffe afro devient le logo de la lutte des Noirs américains au même titre qu'un Che Guevara ou un Gandhi. La campagne internationale menée pour la défendre fait tellement de bruit qu'elle influe sur son procès, du coup très médiatique. Il se conclut par un acquittement de tous les chefs d'inculpation mais elle aura tout de même passé seize mois en prison, histoire de vivre l'enfer carcéral de l'intérieur. Elle est libérée en juin 1972 et a sérieusement besoin de prendre l'air. Pour remercier tous ceux qui l'ont soutenue, elle s'offre une petite tournée à travers le monde : RDA, Cuba, Chili, France, URSS. Elle est reçue comme une reine tant au Quartier latin qu'au Kremlin, croise Neruda et Aragon... La défense des prisonniers politiques devient son serment d'Hippocrate. Tout en donnant des cours de philosophie et de sciences politiques, elle se décide enfin à écrire son premier livre, *If They Come in the Morning*, un essai de résistance sur l'oppression raciale qui règne aux États-Unis[6]. Par provocation, Angela a toujours aimé s'appuyer sur un principe énoncé par Abraham Lincoln lors d'un célèbre discours contre l'esclavage : « Il est du devoir du peuple de renverser le gouvernement quand ce gouvernement n'est plus à l'écoute de ses besoins. » Si seulement ! La tradition révolutionnaire américaine a vécu. Loin d'être assagie par son passage en prison, c'est une femme qui mûrit dans la rébellion. Pour ceux restés derrière les barreaux, elle a fondé l'Alliance nationale contre le racisme et la répression politique, une organisation aujourd'hui mobilisée pour la défense de Mumia Abu Jamal. Encore un Black Panther ! En prison pour le meurtre supposé d'un policier. Cela fait vingt-trois ans que cet ancien journaliste, contre lequel la justice n'a aucune preuve tangible, attend dans le couloir de la mort. Son exécution a été

6. Traduit en français sous le titre *S'ils frappent à l'aube*, Gallimard, coll. « Témoins », 1972.

repoussée à deux reprises mais l'heure capitale peut sonner à tout moment. Depuis sa prison, il n'a jamais cessé d'écrire et de clamer son innocence. Pour Angela, la démocratie américaine est en souffrance et la lutte plus que jamais nécessaire, le système étant à ses yeux bien plus pervers aujourd'hui que dans les années 1970. « Militer, c'est précisément une façon de rendre ce que l'on vous a donné, de ne pas se considérer comme un individu ayant accompli quelque chose mais bien comme faisant partie d'un mouvement historique vivant[7]. » Plus de quarante ans sur le terrain et dans les amphis et Angela n'a pas renié d'un pouce sa devise fondatrice : la philo à l'épreuve des faits. Ses cheveux en bataille au-dessus de deux billes noires font désormais partie du patrimoine américain. L'ironie de la chose l'amuse d'ailleurs beaucoup, elle l'ancienne ennemie publique numéro un. À la question « Êtes-vous une radicale ? », Angela Davis tranche : « Demandez donc à une mère d'arracher son bébé d'une maison en flammes avec modération. »

7. Source : interview pour PBS Frontline, 10 février 1998.

VIVIANA DIAZ

CHILI

au nom du père

par aurine crémieu

« Ils avaient des arlequins et des polichinelles,
des clowns à foison, des terroristes tueurs et geôliers,
des frocs sans conscience et des militaires avilis.
Tous tournaient dans le carrousel du mépris[1]. »

Elle commence toujours ainsi :

« Je m'appelle Viviana Diaz, fille de Victor Manuel Diaz Lopez, arrêté et porté disparu le 12 mai 1976. »

disparu

Inlassablement, depuis plus de trente ans, les mères, les filles, les sœurs des victimes de la dictature militaire chilienne se présentent ainsi. Pas une semaine ne passe sans que Viviana ne pense à son père, Victor Diaz le « disparu ». Quand elle sort, pour aller au tribunal, à un rendez-vous, une manifestation, elle

1. Pablo Neruda, *J'avoue que j'ai vécu*, Gallimard, 1987.

épingle sur son chemisier le visage de cet homme, la moustache fine et le regard qui sort du cadre. Une grande photo un peu usée qui ne la quitte jamais, en noir et blanc, plastifiée, celle de l'absent. Chercher un mort, un vivant, un corps, un nom sur une liste, la moindre trace, si ténue soit-elle. Il n'est rien de pire, vous dira-t-elle, que de ne pas savoir. Même si elle a tant rêvé du jour où Augusto Pinochet serait arrêté et jugé, même si ce jour est enfin arrivé et donne du sens à la vie qu'elle s'est choisie, Viviana, à cinquante-quatre ans, n'est toujours pas sûre de la vérité. Pinochet, qui va maintenant devoir répondre de certains de ses crimes devant la justice chilienne, niera tout en bloc. C'est la stratégie qu'il a toujours adoptée et à quatre-vingt-neuf ans, il y a peu de chance pour que le dictateur demande pardon à ses victimes. Il y a quelques années, ce sont les militaires qui ont lâché quelques noms : une liste de prisonniers politiques que des hélicoptères de l'armée auraient jetés à la mer. Étaient-ils morts ou vivants, personne ne le sait. Victor Diaz était-il à bord de l'un d'eux, l'armée le prétend mais elle a déjà tellement menti. On a retrouvé les ossements de certains hommes prétendument jetés en mer dans des charniers autour de Santiago. Qui croire alors ? Trente années n'ont pas suffi à panser les plaies, à combler des questions sans réponses, à rendre aux absents la dignité d'une mort connue, avérée. Viviana n'a donc pas terminé sa mission. Sa vie privée passera à la trappe de cette quête de vérité, au nom d'un père qu'elle aimait tant. Comment fonder une famille quand il manque une pièce majeure au puzzle de sa propre identité ?

Victor Manuel – ce père – était un homme respecté, syndicaliste et homme de gauche, il venait d'être nommé numéro deux du parti communiste chilien. C'était en 1971. À ses trois enfants, il transmet des valeurs comme la fraternité, la solidarité, l'engagement et dans sa maison, l'actualité politique et sociale est commentée avec enthousiasme. Le petit frère, qui n'a que treize ans, vibre déjà au rythme des engagements paternels. En vérité, c'est tout le pays qui vibre en ce début des années 1970. À l'université du Chili, l'un des lieux les plus politisés de Santiago, Viviana entame une cinquième année d'études pour devenir professeur d'allemand. Le maudit mois de septembre 1973 va lui couper les ailes. Il n'y a pas de moment idéal pour le chaos mais c'est encore plus amer avec la vie devant soi, l'émoi des premiers amours et l'utopie de changer le monde. Avec la poésie de Neruda qui bouleverse et le regard calme d'Allende qui rassure. Tous les espoirs étaient alors permis sur cette langue de terre qui n'en finit pas de s'étirer jusqu'au cap Horn. Un poète et un homme politique, promus guides spirituels de toute une génération, venaient d'accomplir un petit miracle : désenclaver le Chili. Le monde regardait dans leur direction, curieux de cette aventure sociale unique en son genre en Amérique latine. Ouvriers, mineurs de fond, intellectuels ou étudiants, la main dans la main chantant

« el pueblo unido jamas sera vencido »

– le peuple uni jamais ne sera vaincu ! Et dans la maison des Diaz, à Santiago, le « peuple » n'était pas un vain mot, le capitaine à bord croyait à son unité et à son avenir.

Depuis qu'il a disparu, les murs se sont tus. C'est la même maison, dans le même quartier de San Joaquin, mais rien n'est pareil. Viviana n'aurait sans doute pas changé grand-chose ici si Victoria, sa sœur aînée, n'avait entrepris quelques travaux de rénovation. Quitter cet endroit qui vibra jadis de tant d'amour familial ne lui a jamais effleuré l'esprit. Au début, c'était pour le cas où il reviendrait. Après la clandestinité, la prison, peut-être le relâcheraient-ils et tout serait comme avant. Il ne réapparut pas. Pire, il fut classé « disparu », le crime ultime du régime Pinochet. Ensuite, elle s'occupa de Selenisa, sa mère... qui est morte à son tour. Elle vit ici avec ses souvenirs, entourée de voisins qu'elle appelle tous par leurs prénoms et le portrait géant de Victor peint sur l'une des façades de la maison. À vrai dire, pour Viviana Diaz, c'est un peu comme si le temps s'était arrêté le 12 mai 1976. Depuis, elle n'est occupée qu'à une seule et même chose, connaître la vérité et obtenir justice.

« Au début, ma mère et mon jeune frère faisaient les démarches de recherche. Ils allaient plusieurs fois par semaine à la Vicaría de la solidarida[2]. Moi, je n'y suis pas allée tout de suite, convaincue que mon père allait resurgir comme d'autres avaient réapparu après plusieurs années de détention »

se souvient-elle. L'espoir en a fait tenir plus d'une. À tel point que les épouses, mères ou filles ont gardé pendant des années du linge propre et repassé pour l'éventuel « retour ».

Pendant ce temps-là, au contraire, la dictature militaire durcissait le ton. Fin 1976, Pinochet fait fermer tous les camps de

---

2. Au lendemain du coup d'État de 1973, l'Église met en place un service de solidarité pour enregistrer et traiter les plaintes des victimes de violations des droits de l'homme. La Vicaría crée des dossiers sur les personnes arrêtées ou portées disparues et assure la protection de ses informations jusqu'à la fermeture du service en 1992. Toutes ses archives mises à la disposition des familles, des juges et des avocats sont aujourd'hui capitales pour faire avancer la justice.

concentration officiels, quelques détenus sont libérés mais les dissidents politiques sont tous abattus. Viviana et sa famille ne le savent pas encore. Un témoin libéré d'un camp leur raconte qu'il a croisé Victor, très mal en point, dans une certaine villa Grimaldi. Et de découvrir que cette demeure bourgeoise de Santiago est devenue l'un des centres de torture les plus redoutables de la junte, un lieu de cauchemar qui broie les rêveurs du « peuple uni ». « Je viens marcher dans les pas de mon père qui a passé plusieurs mois ici. J'imagine les souffrances qu'il a dû endurer, ses cris sous la torture. C'est d'ici qu'il a définitivement disparu », raconte Viviana qui déambule seule sur les allées désormais verdoyantes de la villa Grimaldi. Certains Chiliens ne peuvent pas remettre les pieds dans cet endroit hanté par les souffrances de leurs proches. Elle s'y oblige pour ne pas oublier. Pinochet a fait raser la villa en 1985 pour effacer toutes les traces et, depuis, le site est cédé aux familles des victimes pour devenir un lieu de mémoire ; de sobres mosaïques rappellent l'emplacement des cellules et des salles de torture où l'on soumettait les prisonniers à l'électricité. Un mur sombre énumère les hommes et les femmes passés par là, le nom du père est gravé dessus : Victor Manuel Diaz Lopez. Un homme parmi les Hommes. Selon les données officielles, 3 197 personnes ont ainsi disparu pendant les années de plomb de la dictature. Dès le coup d'État du 11 septembre 1973, la junte ordonnait l'arrestation de milliers d'opposants politiques. Un régime de terreur s'installait pour dix-sept ans. Depuis le palais présidentiel de la Moneda bombardé, Salvador Allende s'adressait une dernière fois au peuple chilien avant de se tirer une balle dans la tête. La mort plutôt que la reddition. Neruda tirait sa révérence quelques jours plus tard et Victor Diaz entrait dans la clandestinité avant de se faire prendre et de devenir le fantôme de la famille Diaz.

Après tout ça, il n'a plus été question d'études. Viviana enchaîne les petits boulots avec sa sœur pour faire vivre la maisonnée. Selenisa vieillit et s'affaiblit, le petit frère fuit le pays. C'est l'époque où les familles endeuillées commencent à s'organiser, elles fondent l'Agrupacion de Familiares de Detenidos Desaparecidos – l'association des proches des détenus disparus – et vouent leur vie à retrouver les leurs en exigeant justice. Il y a trente ans, c'est comme un pacte qui va lier toutes ces femmes entre elles et leur interdire implicitement de refaire leur vie avant d'avoir atteint leur but. Pour Viviana, le pacte n'a pas été rompu. Elle ne se marie pas, renonce à avoir des enfants et se transforme en militante acharnée. Elle vit de peu de chose, ne rentre chez elle que pour dormir et explore toutes les pistes possibles d'une justice improbable. Une tâche obstinée, têtue, qui dessine la journée type de la fille de Victor. Les années passant, l'association devient sa famille et elle trouve la force de défier les autorités iniques de Pinochet. Ces femmes n'ont plus rien à perdre. Elles entament des grèves de la faim, s'enchaînent aux grilles des ambassades « parce que les policiers ne pouvaient pas nous arrêter sur une zone internationale ». Dans les rues, elles défilent sans répit en brandissant les photos des absents et font la connaissance des canons à eau, des gaz lacrymogènes, du panier à salade et des insultes. À leur question simple, « Où sont passés nos disparus ? », les policiers répondent par un déploiement de force digne d'une guerre civile. À l'époque, Pinochet parle d'ailleurs d'une « guerre intérieure ». Propagande à l'appui, cet argument maintient une partie du peuple chilien dans l'illusion que la répression est un mal nécessaire à la paix civile. On sait aujourd'hui qu'il n'y a jamais eu de guerre intérieure au Chili dans les années 1970, juste des bourreaux, des victimes et ceux, très nombreux, qui ne voulaient pas voir. Curieusement, ce qui a le plus marqué Viviana, ce ne sont ni les coups, ni les nuits au poste mais le mépris, « pendant des années, alors que nous demandions des nouvelles de nos proches, on nous traitait de menteuses, d'affabulatrices. On nous disait que nos prétendus "disparus" avaient fui avec d'autres femmes et devaient bien rigoler de nous voir nous démener pour eux ». Des maris volages ou des lâches en exil, voilà comment les autorités présentaient les hommes qu'elles avaient torturés puis assassinés.

Aujourd'hui, on laisse, presque avec indifférence, manifester ces mères, ces sœurs, ces filles. On ne les embarque plus au poste et certains reconnaissent que Santiago ne serait pas vraiment Santiago sans les cris et les slogans de ces femmes, martelés dans les rues. Les jeunes Chiliens regardent sidérés ces femmes un peu vieillies brandir leurs photos avec le même entêtement qu'il y a trente ans. *¿ Donde están ?* Où sont passés nos morts ?

« La justice, ce pays nous la doit. Nous avons le devoir de faire vivre cette mémoire des années sombres du Chili pour aider les jeunes à défendre la démocratie, pour que plus jamais cela n'arrive. »

Nunca más[3] ! Voilà ce qui entretient désormais la flamme du combat. Et ça valait la peine. Puisque, après des années de doutes et d'indifférence générale, est venu le temps de l'espoir : un mandat d'arrêt contre Augusto Pinochet lancé le 21 décembre 2004. Déjà, quand le juge espagnol Baltazar Garzon avait fait arrêter le Caudillo à Londres en 1998 et demandé son extradition pour crimes contre l'humanité et tortures, Viviana et toutes les familles de victimes avaient senti la victoire proche. C'était un événement sans précédent dans l'histoire judiciaire ; la première pierre d'une justice internationale qui sera un jour capable de demander des comptes aux tortionnaires, quels qu'ils soient. Rien que pour ce moment-là, Viviana ne regrette pas un de ses choix. Son seul regret peut-être est que sa mère soit morte sans avoir vu ça. Ces dernières années ont donc été pleines d'émotions et de voyages à l'étranger. En tant que présidente de l'association, les Nations unies l'ont reçue à Genève, des ministres l'ont congratulée pour tant d'obstination, Sting, la star anglaise, a dédié à l'association une chanson qui a fait le tour du monde et a popularisé leur

3. Jamais plus !

quête de vérité[4]. La photo de Victor toujours épinglée sur ses corsages clairs et les cheveux bien tirés en arrière, Viviana est maintenant plus sereine. Au moins, la justice de son pays est en marche et ne lui fait plus honte. Elle a cédé sa place de présidente pour celle de secrétaire générale mais continue de prendre, tous les matins, le bus à San Joaquin pour rejoindre son petit bureau dans les locaux de l'association. Elle y retrouve Mireya, Ana, Teresa... toutes bénévoles et entièrement dévouées à la même cause. Elles boivent un petit café pour démarrer et s'attaquent à leurs piles de dossiers qui sont autant de plaintes et de preuves à charge contre le dictateur et sa clique. Dates, heures exactes, lieux, habits portés, autopsie, ossements retrouvés, tout y est scrupuleusement consigné. Tant que les charniers de la junte n'auront pas rendu tous leurs secrets, tant que les responsables n'auront pas demandé pardon, Viviana ne rompra pas le pacte qu'un jour elle passa avec cet homme – Victor Manuel Diaz Lopez, ce père formidable.

4. They dance alone / Ellas dansan solas.

ITA FATIA NADIA
INDONÉSIE

corps brisés: le viol comme arme de guerre

par hélène jullien

« Ils disaient que plus ils me violaient,
plus ils seraient des hommes
et plus ils grimperaient dans la hiérarchie[1]. »

La vie d'Ita Fatia Nadia a basculé en 1988. Cette petite femme de quarante-cinq ans, militante des droits de l'homme et des questions féminines en Indonésie, a été le témoin horrifié des pogroms antichinois de 1998, perpétrés au moment de la chute du dictateur Suharto. Elle a porté secours à des femmes, des adolescentes, des fillettes, violées par les forces armées ; certaines sont mortes dans ses bras. Ces événements l'ont marquée à tout jamais. Depuis, elle se bat pour dénoncer toutes les violences endémiques que subissent les femmes dans son pays.

En 1998, le régime du président Suharto[2] est à l'agonie. La crise économique qui touche tout le Sud-Est asiatique depuis

1. Sange, jeune Congolaise, enfant-soldat chez les Maï Maï, puis capturée et incorporée au sein des forces du RDC-Goma.

l'été 1997 va ébranler cette dictature qui règne d'une main de fer sur le pays depuis plus de trente ans. Les réformes préconisées par le FMI qui pénalisent les populations les plus pauvres provoquent de graves remous sociaux et la contestation étudiante s'amplifie. Au mois de mai 1998, des émeutes éclatent sur tout le territoire. Elles vont faire près de 1 200 morts et provoquer la démission du dictateur. Des milliers de magasins, d'hôtels, de stations-service, de bâtiments administratifs vont être pillés, détruits et incendiés. Les commerçants chinois[3], devenus des boucs émissaires, seront tout particulièrement visés. Dans le quartier chinois de Glodok à Jakarta, les pillages vont s'accompagner de viols.

À cette époque, Ita Fatia Nadia est l'une des responsables de l'association Kalyanamatra qui vient en aide aux femmes en difficulté. Le 13 mai, on l'appelle d'urgence au chevet de deux jeunes filles chinoises de dix-huit et vingt et un ans, atrocement mutilées. « Les violeurs leur avaient coupé les seins et tout leur corps était plein de sang. Elles étaient étendues sur le lit, entièrement nues. » Pétrifiée d'horreur, Ita couvre dans un geste

---

2. En mars 1967, le général Suharto devient chef d'État par intérim. Un an plus tard, il devient le deuxième président de la République indonésienne et instaure un régime dit d'« Ordre nouveau » qui s'appuie sur les militaires et va s'accompagner progressivement d'une mainmise du clan Suharto sur l'économie nationale. Ces années de dictature seront marquées par de multiples violations des droits de l'homme.

3. Les Chinois ne représentent que 3 % de l'économie indonésienne, mais détiennent une grande partie du commerce du pays.

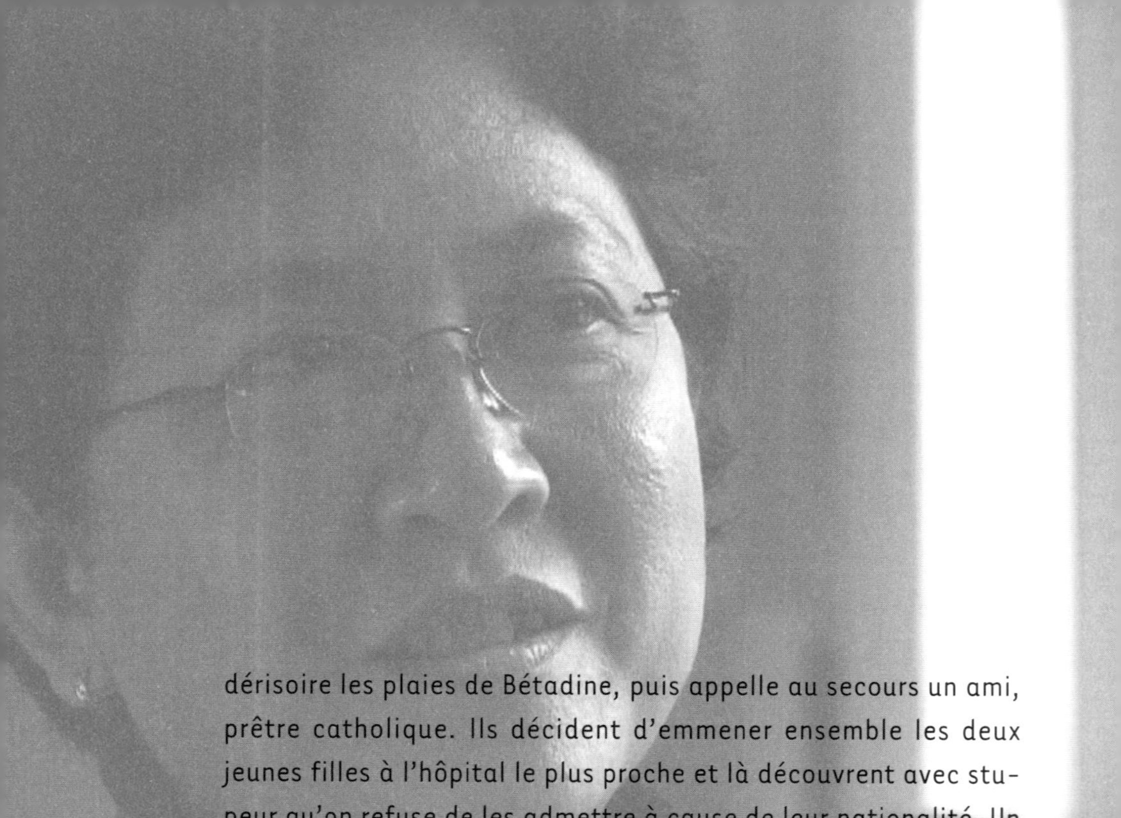

dérisoire les plaies de Bétadine, puis appelle au secours un ami, prêtre catholique. Ils décident d'emmener ensemble les deux jeunes filles à l'hôpital le plus proche et là découvrent avec stupeur qu'on refuse de les admettre à cause de leur nationalité. Un autre hôpital acceptera juste de leur prodiguer les premiers secours, avant de leur demander de quitter les lieux. Ils les conduisent à l'aéroport, direction Singapour, pour qu'elles y soient soignées correctement. Ce n'est qu'en retournant vers Jakarta qu'ils découvrent que des Indonésiens arrêtent toutes les voitures. S'ils trouvent des femmes chinoises, ils les forcent à se déshabiller et les violent. Plus de cent cinquante femmes vont être victimes de ces viols. Des violences sexuelles qui visent à atteindre la communauté chinoise au plus profond d'elle-même.

Ita, qui veut alerter la communauté internationale, va, avec son association, tenter de recueillir un maximum d'informations sur les victimes et les circonstances des agressions. Mais le gouvernement, qui ne veut pas que son image soit ternie à l'étranger, menace l'association et lui demande de cesser toute activité.

Une grenade est même lancée dans les locaux du directeur. Les services de renseignements de l'armée viennent chez Ita et exigent qu'elle donne le nom et l'adresse des femmes agressées. Elle refuse et quelques jours plus tard, elle reçoit des menaces par téléphone : « Cet homme connaissait tout de mes deux enfants : leurs noms, l'adresse de leur école, les heures d'entrée et de sortie et même les détails de leurs uniformes. » Très inquiète, Ita prend des mesures de protection pour ses enfants, mais décide de ne pas céder au chantage et de poursuivre son combat. Une série de lettres anonymes sera aussi envoyée à la population chinoise, la menaçant de meurtres et de viols. Des missives destinées à semer la terreur dans cette communauté pour qu'elle garde le silence et quitte le pays.

Une commission d'enquête indépendante[4], formée deux mois après ces émeutes, conclura que les militaires ont laissé faire les émeutiers et se développer la crise, pour justifier ensuite l'utilisation des pouvoirs étendus et la proclamation de mesures d'urgence. Pris à parti par les associations féminines qui dénoncent la passivité des pouvoirs publics face aux violences sexuelles, le nouveau président Habibie nomme en juillet 1998

4. La commission d'enquête TGPF dirigée par le vice-président de la Komnas Ham, Commission nationale des droits humains, était composée de six représentants du gouvernement du nouveau président Habibie et de treize membres d'ONG.

une Commission nationale de la violence contre les femmes, dont Ita Fatia Nadia fait partie[5].

Ce sinistre épisode de l'histoire indonésienne n'est pas isolé. « Tous les régimes autoritaires ont utilisé la violence contre les femmes, les viols comme des moyens de terroriser des communautés. En Papouasie, à Aceh, au Timor. » Les femmes sont alors doublement victimes : elles subissent des discriminations et des violences liées à leur appartenance ethnique et à leur sexe. Avec ses deux cents millions d'habitants, ses trois cents ethnies et six cents langues et dialectes, l'immense archipel indonésien est régulièrement secoué par des revendications séparatistes. Des revendications qui ont toujours donné lieu à une sévère répression militaire, assortie de multiples exactions sur les civils, accusés de soutenir les mouvements de guérilla. Que ce soit en Indonésie, au Congo, en Bosnie, en Afghanistan, au Sierra Leone, en Colombie... les femmes sont depuis longtemps la cible privilégiée des forces en présence dans les conflits armés. Un rapport d'Amnesty International[6] souligne que souvent dans l'armée, « l'agressivité de l'homme envers la femme est tacitement tolérée, voire encouragée », les jeunes recrues sont « transformées en "guerriers" endurcis par un entraînement déshumanisant ».

---

5. La commission se compose de militants des droits de l'homme, d'universitaires, de membres des professions médicales et de chefs religieux. Elle comprend des représentants d'Aceh, de l'Iran Jaya, et du Timor-Oriental.

6. Voir le rapport d'Amnesty International : « Vies détruites, corps brisés : halte aux crimes contre les femmes lors des conflits armés ».

Aidée par un réseau d'associations asiatiques, Ita arrivera finalement à alerter la rapporteuse spéciale sur la violence contre les femmes, la Sri Lankaise Radhika Coomaraswamy. Envoyée sur place par l'ONU, elle va rencontrer à Jakarta des victimes chinoises, puis se rendra en Papouasie, au Timor et à Aceh. Elle découvre alors que partout, les méthodes employées par les forces armées sont les mêmes. « Ils ont utilisé des fils électriques, des serpents pour violer les femmes. Ils se servent de longs fusils qu'ils introduisent dans les vagins des femmes. » Dans son rapport, elle souligne que « les cas de violences sexuelles abondent, mais que leurs victimes restent silencieuses, terrorisées par les actes d'intimidation et les menaces anonymes ». Après des années de régime autoritaire et face à un système judiciaire défaillant, les victimes souvent détruites, anéanties n'osent pas déposer plainte.

Ces violences sont aussi utilisées pour juguler la contestation, rappelle Ita.

> « Le corps des femmes est devenu l'instrument le plus efficace pour étouffer les conflits et toute forme de résistance ».

C'est ainsi que, après la tentative de coup d'État contre Sukarno[7], des militantes considérées comme des « gauchistes » ou des membres du parti communiste ont été agressées et violées. En Papouasie, des femmes, qui s'étaient syndiquées et opposées aux multinationales qui exploitent les minerais de l'île, ont elles aussi été abusées sexuellement. Le sous-sol de Papouasie (devenue territoire indonésien en 1963, sous le nom d'Iran Jaya[8]), possède en effet d'immenses richesses naturelles, dont la plus grande mine d'or à ciel ouvert du monde, exploitée par la compagnie américaine Freeport. Pour exploiter ces mines, les multinationales ont exproprié de leurs terres ancestrales des milliers de Papous et détruisent l'environnement. Refusant ce pillage organisé de leurs ressources naturelles, des mouvements de résistance armés papous se sont créés. Au cours des opérations menées contres la guérilla indépendantiste, l'armée, qui protège les intérêts des grands groupes, s'est rendue coupable de multiples exactions sur les populations civiles.

Historienne de formation, Ita s'est penchée sur les racines de ces violences sexistes. Elle a alors découvert que l'occupant japonais avait pratiqué le même type de violences sexuelles durant la Seconde Guerre mondiale, en Indonésie mais aussi en Chine et aux Philippines. Des pratiques qui se perpétuent depuis plus de cin-

7. À la suite d'une tentative de coup d'État contre le président Sukarno, imputé au parti communiste indonésien (le PKI), le général Suharto, chef d'état-major des armées, prend *de facto* les rênes du pouvoir. Durant les derniers mois de l'année 1965, avec le soutien des États-Unis, il va se livrer à une véritable chasse aux communistes. Plus de 500 000 personnes soupçonnées d'être membres ou proches du PKI seront assassinées.

8. L'appellation Papouasie a été rendue à l'île en 2002.

quante années en raison de l'impunité totale dont jouissent les forces armées. Six ans après la chute du dictateur Suharto, « des officiers responsables d'exactions, des hauts responsables de l'administration de l'ancien régime sont toujours en place » et les espoirs de changement soulevés par la phase de transition ont été déçus, faute de réformes en profondeur. Amnesty dénonce « le manque de protection légale, les insuffisances de l'appareil judiciaire, la corruption, la piètre formation et l'absence de contrôle de la police et de l'armée » ainsi que la persistance « de discrimination fondée sur le sexe, l'appartenance ethnique et la religion[9] ».

Pour Ita, la société civile doit contribuer à redéfinir le rôle de la femme en Indonésie, car ces violences s'inscrivent dans des pratiques séculaires de discrimination à leur égard. Le rôle des femmes, leur place dans la société ont même été très précisément codifiés sous le gouvernement Suharto. Le régime dit de l'Ordre nouveau avait défini quels devaient être les différents rôles de la femme. Elle est d'abord une épouse, une mère, puis responsable des tâches ménagères et n'est reconnue qu'ensuite comme une citoyenne. Une situation qui n'a guère évolué après la chute de Suharto, puisque les lois discriminatoires à l'égard des femmes n'ont pas été abolies. D'après Ita, il faut en priorité modifier la législation pour qu'elle protège les femmes contre toute forme de violence, y compris les

9. Déclaration publique des treize directeurs et directrices des sections d'Amnesty International de la région Asie Pacifique du 10 mars 2004.

violences domestiques, et modifier leur statut au sein de la famille.

Les nuits d'Ita sont toujours hantées par les moments d'horreur qu'elle a vécus : « Je ne pourrais jamais oublier la petite Francisca. Elle avait onze ans et elle a été violée par quatre personnes. Elle saignait abondamment et avant de mourir, elle a pris ma main. Sa sœur est morte après avoir été violée par sept hommes, sa mère est morte, et moi j'ai vu Francisca s'éteindre devant mes yeux. » Ita reprend souvent son souffle, comme si les mots s'étranglaient au fond de sa gorge. On la sent usée par des années de lutte, de menaces et d'angoisse. Épuisée, elle a décidé en novembre 2003 de venir passer quelques mois en Hollande pour faire une pause, « vivre normalement, prendre un peu de recul ». Juste avant de venir en Europe, elle s'est rendue dans la province d'Aceh, où la loi martiale a été décrétée en mai 2003[10]. Une fois de plus, les opérations militaires qui ont été lancées contre le Mouvement pour Aceh libre (GAM) n'ont pas épargné les civils soumis à des exécutions, des tortures, des déplacements massifs de populations et de violences sexuelles. À Aceh, Ita a rencontré une femme violée par un militaire qu'elle connaissait. Elle a expliqué qu'il lui était impossible de le dénoncer :

---

10. La loi martiale sera remplacée en mai 2004 par un état d'urgence civil. Depuis l'instauration de la loi martiale, les exactions contre les civils se sont multipliées. L'armée a arrêté des milliers de personnes soupçonnées de soutenir la rébellion. Le Mouvement pour Aceh libre s'est livré pour sa part à de nombreuses prises d'otages.

« Je dois me taire parce que si je parle, mon père, ma sœur seront tués. Et ils vont bombarder mon village. »

Elle a aussi rencontré des fillettes de huit ans violées par des militaires. « Elles ne pouvaient même plus bouger, elles ne pouvaient plus marcher à cause des blessures. »

En tant que militante des droits de l'homme et en tant que femme, Ita Fatia Nadia est une cible privilégiée. Elle sait parfaitement les risques qu'elle court en témoignant : sa fille a subi une tentative d'enlèvement, elle-même a été agressée, violentée[11]. Des agressions qui l'ont fragilisée, mais l'ont renforcée dans ses convictions. Elle est persuadée que la fin des discriminations passera d'abord par le combat mené sur le terrain par les associations.

11. Les défenseurs des droits de l'homme sont régulièrement victimes d'attaques et du harcèlement de la part des forces de l'ordre. À Aceh, dix-neuf militants des droits de l'homme ont été tués ou ont disparu depuis 2000.

Bibliographie : Alexandre Messager, *Indonésie : chroniques de l'Ordre nouveau*, L'Harmattan, 1999, et Andrée Feillard, *Indonésie : la transition démocratique*, La Documentation française, 2002.

ASMA JAHANGIR

PAKISTAN

l'avocate des femmes

par hélène jullien

« Si nous ne nous battons pas, nos filles ne connaîtront jamais la liberté dans ce pays[1]. »

Cette avocate pakistanaise d'une cinquantaine d'années, aux cheveux courts poivre et sel, au regard noir et perçant, a consacré toute sa vie à défendre les droits des femmes de son pays. On sent chez ce petit bout de femme qui parle vite, d'une voix saccadée, une détermination inébranlable. Et quand elle évoque le sort des Pakistanaises victimes de violences conjugales ou des crimes d'honneur, elle semble déjà être en plaidoirie. Mais chez elle, il n'y a aucun effet de manche, ni de style, simplement une envie profonde de convaincre, d'expliquer. Elle ne supporte pas l'injustice. Elle a consacré toute sa vie à se battre pour l'égalité des femmes et pour faire évoluer le système traditionnel pakistanais, profondément discriminatoire à leur égard.

discriminatoire

Au Pakistan, chaque année, au moins trois cents femmes sont assassinées par leur mari, leur frère, ou leur fils au nom de

1. Asma Jahangir.

« l'honneur » familial ou de celui de la tribu. Toute femme soupçonnée d'infidélité, accusée d'avoir regardé un autre homme ou qui refuse un mariage arrangé... peut être sauvagement mutilée, battue, brûlée ou même tuée. « La vie d'une femme ne vaut rien, s'insurge Asma Jahangir. La femme n'est vue que comme un objet sexuel, quelqu'un à contrôler. Les hommes peuvent en faire ce qu'ils veulent, elles sont leur propriété. Et quand ils pensent qu'elle peut être compromise, ils imaginent qu'ils ont le droit de la tuer. » Dans ce pays très marqué par les traditions tribales, cette pratique barbare se perpétue en toute impunité. Et quand les meurtriers sont arrêtés – ce qui est rare –, ils bénéficient d'une grande complaisance des tribunaux qui les condamnent à des peines infimes ou les relâchent, tout simplement[2]. Preuve de cette incroyable tolérance, la loi pakistanaise, depuis 1992, offre au coupable la possibilité d'échapper à toute poursuite judiciaire à condition que la famille de la victime ne porte pas plainte et lui pardonne son crime. Une aberration, puisque très souvent la famille de la victime est complice du meurtre perpétré, soi-disant, au nom de l'honneur.

> « On tue d'une main et l'on pardonne de l'autre et la femme est totalement oubliée au fond de sa tombe »

2. Les condamnations et les arrestations pour crimes d'honneur s'élèveraient à peine à 10 % au Pakistan.

s'indigne Asma. L'avocate raconte avec une colère non dissimulée cette histoire édifiante, arrivée récemment. Se sentant menacée par sa famille, une jeune fille décide d'aller voir l'avocate à son cabinet à Lahore. Mais avant même d'y arriver, elle est interpellée par un haut gradé de l'armée, qui lui explique qu'elle n'est pas en danger. Il la renvoie chez elle en lui disant qu'il ne lui arrivera rien. Quelques jours plus tard, la jeune fille décède et sa famille affirme alors qu'elle est morte d'une attaque cardiaque. « Bien sûr, ce n'était pas vrai. Nous avons porté l'affaire devant la justice. Son corps a été exhumé. En fait, elle était décédée des suites de chocs électriques. »

Ces assassinats que Kofi Annan, secrétaire général des Nations unies, a qualifié le 25 novembre 2000 de « meurtres de la honte », se perpétuent en toute impunité dans de nombreux pays[3]. Nommée en 1988 rapporteuse spéciale des Nations unies sur les exécutions extrajudiciaires, sommaires ou arbitraires, Asma Jahangir estime que plus de 5 000 femmes en seraient victimes chaque année dans le monde. Des pratiques qui perdurent car dans ces pays il n'y a aucune volonté politique de traduire en justice les auteurs de ces crimes et d'accorder une protection juridique aux femmes.

---

3. Les « crimes d'honneur » existent aussi en Afghanistan, au Bangladesh, au Brésil, en Égypte, en Inde, en Iran, en Israël, en Jordanie, au Liban, au Nigeria, en Palestine et au Pérou.

Cette envie de se battre pour un monde plus juste vient sans doute à Asma de son père, Malik Jilani, un homme politique qui s'est toujours opposé aux dérives autoritaires des différents régimes militaires pakistanais et a été condamné à de nombreuses reprises à des peines de prison. Dès son plus jeune âge, en raison de l'engagement de son père, Asma a connu la peur et les menaces. Elle a été réveillée en pleine nuit par la police qui cernait la maison familiale pour l'arrêter, des hommes armés se sont introduits dans la maison pour tenter de l'enlever et il a échappé à plusieurs tentatives d'assassinat. Ces événements dramatiques et traumatisants ont fait naître chez elle un sentiment de révolte et de colère qui ne la quittera plus jamais.

Devenue avocate, à son tour, en 1978, elle sera pionnière dans de nombreux combats. En 1981, avec sa sœur, Hina Jilani, et deux autres collègues, elles fondent à Lahore, au nord du Pakistan, le premier cabinet d'avocates du pays. Puis elles participent toutes deux à la création du Forum d'action des femmes, The Women's Action Forum, qui se bat pour changer les lois pakistanaises sur le statut des femmes. Depuis trente ans, les deux sœurs luttent côte à côte pour les mêmes idéaux de justice. Elles sont à la fois très différentes et très complémentaires : Asma est expansive, spontanée, elle aime sortir, recevoir et faire la fête. Elle trouve d'ailleurs auprès de son cercle d'amis, avocats, magistrats ou journalistes, un soutien précieux dans la lutte qu'elle mène. Hina, tout aussi déterminée que sa sœur, est beaucoup plus réservée, posée et réfléchie. Des tempéraments très différents qui rendent parfois leurs relations difficiles mais les font toujours se retrouver sur l'essentiel. En 1990, leur cabinet d'avocates créent un refuge unique en son genre : Dastak, où, chaque année, près de trois cents femmes trouvent refuge avec leurs enfants. Mariées de force parfois dès l'âge de quatorze ans, battues par leur mari, ou le visage ravagé par les brûlures infligées par leur famille, ces femmes sont en sécurité dans cette grande maison avec jardin, surveillée en permanence par des gardes armés. Elles vivent des situations souvent inextricables et bénéficient à Dastak d'une aide juridique gratuite.

Leur combat pour l'égalité, leurs francs-parlers, leur modernité ont fait des deux sœurs de véritables symboles. Au Pakistan, mais aussi dans toute l'Asie, on respecte le courage de ces femmes, qui ne renoncent jamais même devant les pires menaces. Les autorités qui n'apprécient guère leur liberté de langage et leurs critiques contre le régime les a placées sur écoute et envoyées en prison à plusieurs reprises. Mais surtout, elles sont devenues les bêtes noires des fanatiques islamistes qui les accusent de détruire les valeurs familiales traditionnelles. Asma Jahangir dénonce d'ailleurs la collusion entre la dictature militaire du général Moucharraf, qui a pris le pouvoir à la suite d'un coup d'État en octobre 1999, et les islamistes. « Les militaires, en ne permettant à aucun parti politique d'exister, ont créé un énorme vide dans lequel se sont engouffrés les fondamentalistes.

prison

Il ne faut pas se tromper :
les militaires et les fondamentalistes ont toujours
marché main dans la main. »

Les deux sœurs sont constamment menacées, attaquées et dénigrées en public. Un des pires souvenirs d'Asma date de 1996. Ce jour-là, cinq hommes armés viennent chez elle pour la tuer, elle, mais aussi ses trois enfants. Ils se trompent de maison et entrent chez sa mère qui habite juste à côté. Ils enlèvent sa sœur, son frère et leurs enfants. Heureusement, ils sont très vite arrêtés. Ils avouent alors que le meurtre avait été commandité parce l'avocate défend des gens accusés de blasphème et prône pour

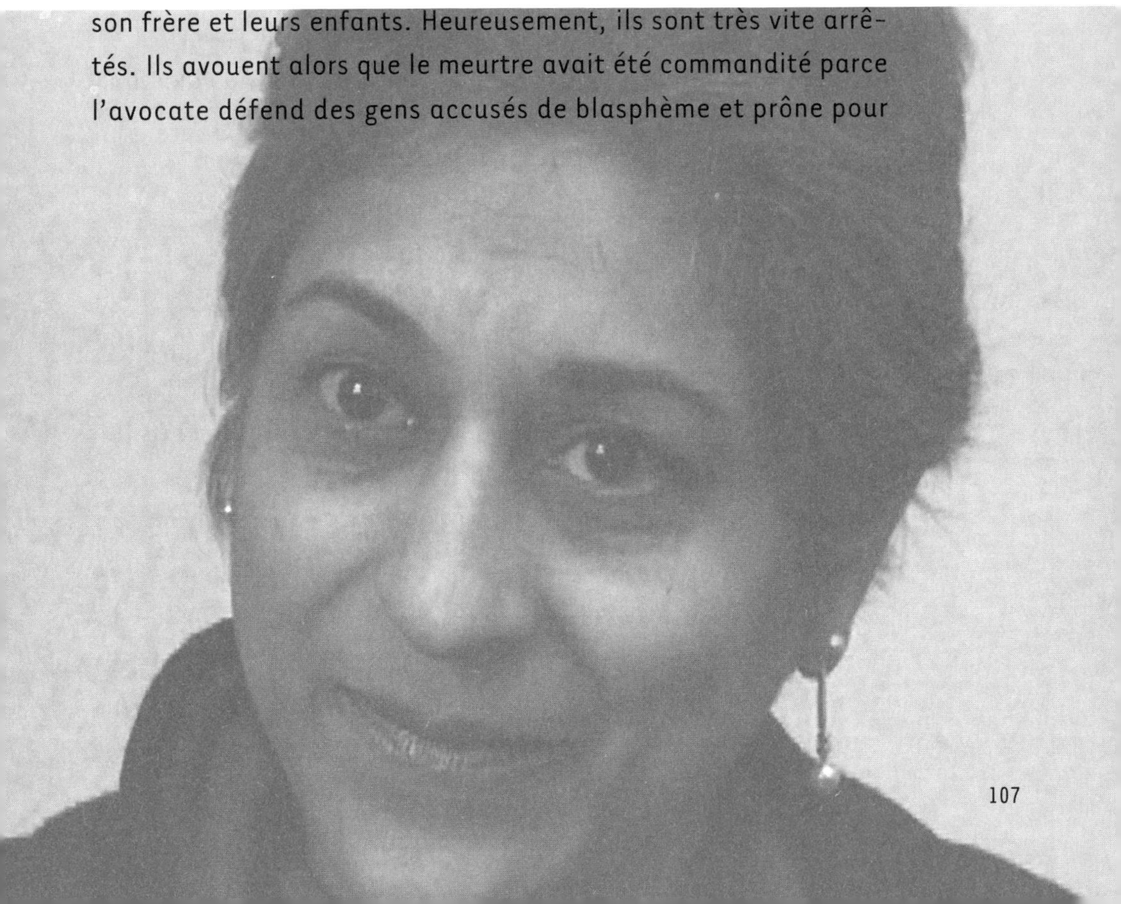

les femmes des droits contraires à l'islam. « Ça a été un moment très dur, dit Asma. Mais mes amis, mes collègues, le barreau d'avocat m'ont soutenue. Et j'ai compris, ce jour-là, que si je montrais la moindre forme de faiblesse, je resterais une cible et que je risquais de perdre mes principes, mais aussi toute possibilité de m'exprimer. » Elle décide cependant, pour protéger ses enfants, de les envoyer poursuivre leurs études à l'étranger.

En 1999, Samia Sarwar, mère de deux enfants, est assassinée dans le cabinet de l'avocate Hina Jilani. Elle était venue demander le divorce car son mari, extrêmement violent, la battait depuis plusieurs années. Un homme armé entre dans le cabinet et l'abat de trois coups de fusil, sous les yeux de sa propre mère qui a commandité le meurtre. La famille de Samia, considérant qu'un divorce ternirait l'honneur familial, l'a fait exécuter. L'avocate, visée par une quatrième balle, dont l'impact reste visible derrière son bureau, n'a échappé à la mort que grâce à son garde du corps, alerté par les premiers coups de feu. Deux jours après cet assassinat, des rassemblements et des manifestations publiques sont organisés à Peshawar par la chambre de commerce, dont le président n'est autre que le père de Samia. Les Ulémas présents affirment que la jeune femme a été exécutée en application de la tradition et réclament la mise à mort d'Asma Jahangir et de sa sœur. Une fatwa est lancée contre les deux sœurs et leurs têtes sont mises à prix. Cette affaire soulève l'indignation de la communauté internationale et de la Commission des droits de l'homme des Nations unies qui siège alors à Genève. Le rapporteur des Nations unies sur l'indépendance des juges et des avocats exige que le gouvernement pakistanais assure de toute urgence la protection des deux avocates. Acculé, le gouvernement sera obligé de s'incliner et fera protéger les deux femmes jour et nuit par des gardes du corps, mais il ne condamnera pas le meurtre de Samia et ne fera rien pour arrêter les meurtriers.

Un combat pour l'égalité et la justice sociale, qu'Asma ne mène pas seule : les mouvements de femmes et les associations, bien que très minoritaires au Pakistan, sont actifs et n'hésitent pas à descendre dans la rue pour manifester contre des pratiques séculaires. Les médias évoluent et se font désormais de plus en plus écho des conditions dans lesquelles les crimes d'honneur sont perpétrés. Désormais, les journalistes donnent aussi le point de vue des victimes contribuant par une information plus juste à faire évoluer les mentalités. Mais le combat pour l'émancipation des femmes est loin d'être gagné et au nom de la tradition les partisans de ces crimes restent trop nombreux. Toutefois, Asma est relativement optimiste. Elle souligne que partout dans le monde les femmes sont de plus en plus conscientes de leurs droits et se lèvent pour les revendiquer, même si elle déplore que dans de nombreux pays, comme le Pakistan, l'évolution soit très lente.

Depuis 1998, son combat pour défendre des valeurs qui sont universelles dépasse les frontières pakistanaises. Sa nomination comme rapporteuse spéciale auprès de la Commission des droits de l'homme des Nations unies lui a permis de mieux comprendre les différents types de « sociétés », et de se confronter aux problèmes du terrain, au Kosovo, au Timor, au Mexique, au Népal[4]... Des enjeux qu'elle peut ensuite, souligne-t-elle, « faire remonter jusqu'au sommet, au niveau des Nations unies ». Elle rappelle toutefois que les Nations unies sont une institution gouvernementale et que, à ce titre, il ne faut pas trop en attendre. Mais elle considère qu'elles servent de passerelle entre les gouvernements et la société civile internationale. En juillet 2004, elle a été nommée rapporteuse spéciale sur la liberté de religion et de conviction.

4. En 2000, sa sœur Hina Jilani est nommée à son tour représentante spéciale des Nations unies pour les défenseurs des droits de l'homme.

ELIZA MOUSSAEVA

TCHÉTCHÉNIE

un cri pour briser le silence

par hélène jullien

« Nos casernes sont le laboratoire des crimes contre l'humanité commis en Tchétchénie en notre nom à tous. Et c'est notre silence qui les nourrit[1]. »

Ce qui frappe chez Eliza Moussaeva, ce n'est pas son visage de madone, dévoré par de grands yeux noirs intelligents et vifs, mais son infinie tristesse, un désespoir profond qui ne la quitte pas face à l'horreur du drame tchétchène, dont les principales victimes sont les civils. Pour combattre ce sentiment d'impuissance qui la minait, cette psychologue d'une quarantaine d'années a décidé de quitter Grosnyï où elle enseignait et de venir en Ingouchie, république voisine de la Tchétchénie, pour travailler pour l'association Mémorial. Une république qui accueille des milliers de déplacés tchétchènes.

« Je me suis engagée en 2000 dans l'association Mémorial, parce que, au début de cette seconde guerre militaire[2], je ne supportais

1. Ella Poliakova, présidente de l'Association des mères de soldats de Saint-Pétersbourg.

plus les mensonges sur le conflit tchétchène diffusés par la télévision et les journaux russes. Il y avait un tel sentiment d'injustice, on avait tellement envie de dire la vérité. Il me semblait que seul Mémorial était capable de faire cela. » Dans le bureau de Nazran en Ingouchie[3], dont elle est la directrice, l'équipe de Mémorial fait un travail indispensable pour recenser les exactions commises contre les civils mais aussi pour écouter les victimes et leur apporter une aide juridique. Eliza doit faire face quotidiennement au désespoir des femmes : elles cherchent les traces de leurs fils ou de leurs maris disparus, elles ont été maltraitées, injuriées, violées par les forces de l'ordre, leurs nuits sont hantées par la peur de nouvelles arrestations... Dans ce travail si particulier, Eliza se dépense sans compter, souligne son amie Lipkhan Bazaïeva, qui travaille elle aussi à Mémorial : « Elle apporte un aspect très humain à notre travail. Au début, je pensais que c'était parce qu'elle était psychologue de formation, mais non, c'est simplement quelque chose qu'elle porte en elle. C'est une femme de cœur. Et tout en étant une intellectuelle, elle sait faire preuve dans toutes les situations de beaucoup de bon

2. Le conflit tchétchène de 1994-1996 a fait des milliers de morts. Il s'est déroulé comme le conflit actuel sur fond de puissants intérêts économiques, nerfs de la guerre. Située entre les républiques d'Ingouchie et du Daguestan, la Tchétchénie est traversée par les oléoducs qui relient la mer Caspienne à la mer Noire.

3. L'Ingouchie se sépare de la Tchétchénie en 1992 et se proclame république au sein de la Fédération de Russie.

sens. » Mémorial, seule association indépendante russe à travailler en Tchétchénie et en Ingouchie, tente par tous les moyens d'aider les civils tchétchènes : elle publie des rapports qu'elle envoie à la presse, interpelle les députés à la Douma, s'adresse au parquet général pour essayer d'obtenir des informations sur les personnes enlevées. Mais dans 90 % des cas, l'association n'obtient aucune information.

Alors que le président Poutine tente de faire croire à une normalisation de la situation en Tchétchénie, la répression, sous prétexte d'une recrudescence du terrorisme, est plus féroce que jamais, donnant lieu à des atrocités inimaginables, dont sont principalement victimes les civils. Une barbarie qui dure depuis cinq ans au cœur de l'Europe, dans le silence assourdissant et complice de la communauté internationale.

Au cours des derniers mois, les méthodes des forces de sécurité russes et tchétchènes ont changé : on est passé des bombardements et des raids militaires à grande échelle contre les villes et les villages à des opérations plus ciblées. De véritables « escadrons de la mort » enlèvent et tuent en pleine nuit au cours d'opérations spéciales. « Auparavant, explique Eliza, les femmes essayaient de défendre les hommes, d'empêcher l'armée russe de les emmener. Mais c'est vrai que depuis quelques mois les femmes sont elles aussi enlevées, tuées. » Disparitions, meurtres, tortures, les auteurs de ces exactions bénéficient dans la plupart des cas d'une totale impunité. D'abord, parce qu'il n'existe aucune volonté politique des autorités fédérales et régionales d'enquêter sur ces faits, et que même si les familles osaient porter plainte, il leur serait impossible d'apporter des preuves. « La plupart du temps, ces opérations se passent la nuit. Les gens sont masqués, ils arrivent dans des voitures sans numéro, il est impossible de savoir à quel service ils appartiennent ou même leur grade. »

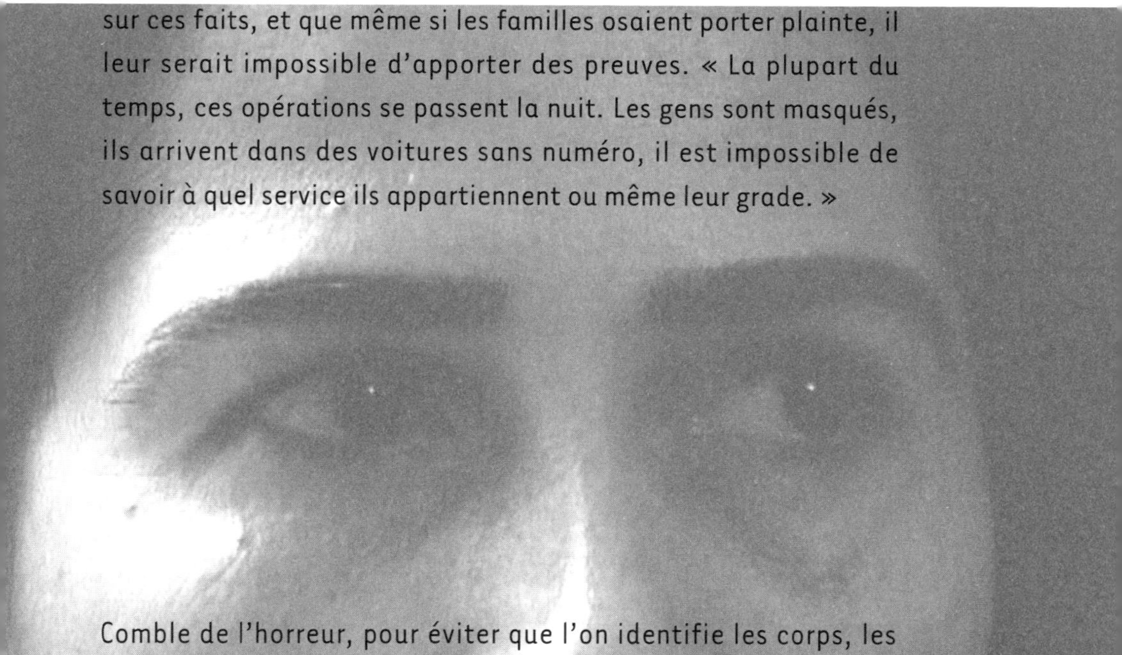

Comble de l'horreur, pour éviter que l'on identifie les corps, les escadrons de la mort n'hésitent pas à les mutiler sauvagement : « On retrouve beaucoup de cadavres à moitié explosés par des grenades, ils sont méconnaissables. Ensuite, il est difficile de prouver qui a tué et torturé », souligne Eliza dans un soupir. Elle s'arrête quelques instants comme accablée par le poids de cette barbarie, qu'elle doit pourtant affronter au quotidien. Cette violence est officiellement liée à la montée du terrorisme, « mais les autorités pourraient rechercher les gens soupçonnés de terrorisme de façon légale, les interroger sans les torturer, leur fournir un avocat. Leur façon d'agir ne fait que renforcer le désir de vengeance. Face à de telles injustices, il est ensuite très facile de

mutiler

manipuler certaines personnes et de faire naître de nouvelles vocations de kamikaze. » Cette multiplication des exécutions sommaires est confirmée par un document officiel de l'administration tchétchène prorusse, rendu public par la presse au mois d'avril 2003[4]. Ce véritable brûlot fait état, pour la seule année 2002, de 1 314 victimes d'exécutions sommaires parmi la population civile, en dehors de tout affrontement armé. Le document comprend aussi une liste de quarante-neuf charniers, dans lesquels 2 879 cadavres ont été retrouvés.

charniers

Dans cette guerre qui ne dit pas son nom, tous ceux qui osent prendre la parole pour dénoncer les horreurs commises en Tchétchénie et en Ingouchie s'exposent aux représailles des forces de l'ordre russes. Comme Malika Oumajeva, responsable de l'administration d'un village proche de Grosnyï. Elle dénonçait avec beaucoup de courage les exactions commises par les forces russes dans son village et collaborait avec les organisations des droits de l'homme. Elle a été assassinée par des soldats masqués, la nuit, dans la cour de sa maison, en novembre 2002.

Ceux qui désespèrent du système judiciaire russe et osent s'adresser aux instances internationales sont eux aussi systématiquement victimes de menaces et de représailles. Zoura Bitieva

4. Ce rapport établi sur la base de données recueillies localement par les autorités gouvernementales tchétchènes aurait été transmis en mars 2003 à Vladimir Poutine.

et toute sa famille ont été fusillés au mois de mai 2003 parce qu'elle avait osé porter plainte devant la Cour européenne des droits de l'homme à Strasbourg contre l'État russe pour les tortures et les mauvais traitements subis lors de son emprisonnement dans le tristement célèbre camp de Tchernokozovo.

Au cœur de l'horreur, la petite équipe de Mémorial de Nazran trouve son courage dans la cohésion très forte qui règne parmi ses membres. Unis dans un même but, ils s'épaulent, s'entraident au quotidien. Mais Eliza puise aussi sa force auprès des femmes tchétchènes à qui elle voue une admiration forte :

« Sur nos femmes, on pourrait écrire des poèmes, faire des films. C'est un mélange de désespoir, de douleur. Mais elles vivent, elles continuent à élever les enfants qui leur restent. »

Ces mères sont pourtant inconsolables : « Elles courent d'un charnier à l'autre, reconnaissent leur fils à une chaussure, un vêtement. » Elles voudraient au moins savoir pourquoi leurs fils sont morts et où se trouvent leurs corps.

Cette militante vit très douloureusement, comme tous les Tchétchènes, le « lâchage » de la communauté internationale : « Le marché de Grosnyï a été bombardé un jour de grande affluence, des colonnes de réfugiés ont été bombardées.

Le monde ne s'est pas étonné, rien n'a changé. Les coupables continuent à vivre sans problème, tranquillement. C'est horrible. »

Pourtant, aujourd'hui, paradoxalement, elle continue à témoigner à chaque fois qu'elle le peut dans les capitales européennes, aux États-Unis, devant les institutions internationales, espérant enfin un réveil des chefs de gouvernements étrangers. Elle ne peut tout simplement pas se taire. Il faut, pense-t-elle, continuer de dénoncer ce génocide. Poussée par l'impérieuse nécessité d'agir, elle dit ne plus se préoccuper de sa sécurité. Elle connaît pourtant parfaitement les risques qu'elle encourt en osant braver le pouvoir russe comme le montre le sort réservé à son amie : Lipkhan Bazaïeva, de Mémorial Grosnyï. Venue témoigner à Paris, en novembre 2004, à l'invitation des associations de défense des droits de l'homme, ce professeur de cinquante-cinq ans raconte avec émotion et difficulté ce qui vient de lui arriver. « C'était en septembre. Ils sont venus chez moi à 5 heures du matin, dans mon appartement de Grosnyï que j'avais prêté à des amis, car je n'étais pas là. Ils ont cru que c'étaient des membres de ma famille. Ils ont tabassé les hommes, menacé la femme, puis ils sont partis. » Mémorial dépose alors une requête auprès du ministère de la Justice qui répond que ses hommes n'ont fait que des vérifications d'identité, mais précise que les autorités considèrent que Lipkhan soutient les séparatistes. Une véritable condamnation à mort, qui la contraint à quitter la Tchétchénie de toute urgence. Elle vit désormais en Allemagne, mais n'a qu'une idée en tête : repartir au plus tôt en

Tchétchénie. Malgré les pressions quotidiennes, la lassitude et le désespoir qui l'assaillent face à l'absence de perspectives politiques, Lipkhan a choisi de continuer de se battre. « Cela peut paraître paradoxal, mais durant ces quatre dernières années je me suis sentie en quelque sorte satisfaite. Je sais qu'en travaillant pour Mémorial je fais ce que je dois faire, j'accomplis en quelque sorte ma mission. »

Depuis la prise d'otage de Beslan, la violence s'est encore accrue contre la communauté tchétchène, dénonce Lipkhan. « Nous avons tous suffisamment souffert dans notre chair pour compatir au drame des familles frappées par l'attentat de Beslan. Mais nous sommes aussi indignés par l'indifférence du pouvoir qui n'a pas hésité à sacrifier ses enfants simplement pour asseoir davantage son pouvoir. » Elle dénonce avec violence et colère l'amalgame que fait le pouvoir entre les terroristes et les séparatistes, qui eux défendent simplement des positions politiques. Sous couvert de la lutte antiterroriste, Poutine, accuse-t-elle, renforce ses pouvoirs et transforme peu à peu la Russie en une dictature qui bafoue l'État de droit.

Comme Eliza, elle a vécu très difficilement la fermeture des camps en Ingouchie, qui s'est étalée de 2002 à 2004[5]. La présence de ces camps, qui rappelle au monde le drame que vivent les populations civiles tchétchènes, est insupportable pour la Russie.

---

5. En avril 2004, il ne restait plus que 70 000 déplacés en Ingouchie, alors qu'ils étaient 200 000 avant le début de la fermeture des camps en 2002.

Pour pousser les milliers de déplacés à rentrer en Tchétchénie, alors que la sécurité n'y est pas assurée, les autorités russes ont usé d'énormes pressions psychologiques, de menaces et de violence... Elles ont coupé l'eau, l'électricité dans les camps, ont rayé des centaines de gens des listes de déplacés, les privant ainsi de leur seul moyen de bénéficier de l'aide alimentaire. « On s'est retrouvé dans des situations absurdes, explique Eliza, des enfants étaient toujours sur la liste de déplacés alors que leurs parents en avaient été rayés. » Dans le même temps, les autorités alternant menaces et promesses, ont fait miroiter aux déplacés des possibilités de compensations financières s'ils acceptaient de rentrer. À partir de l'été 2003, les forces de l'ordre ont commencé à arrêter des gens, à les passer à tabac, uniquement pour semer la terreur. Les gens avaient tellement peur qu'ils sont partis. Un homme dira à Eliza :

> « Qu'ils nous tuent ici ou là-bas quelle différence.
> Alors, autant rentrer chez nous. »

Dans des conditions très dures, l'équipe de Mémorial continue pourtant son travail, aide plusieurs centaines de déplacés à être réintégrés dans les listes et dénonce ce qui se passe en Ingouchie dans plusieurs rapports. « Mais, malgré tout, on se sentait terriblement impuissants, on voyait bien que rien n'était capable d'arrêter cette machine. C'est très dur de voir la souffrance de ces gens, de voir comment un État qui aurait dû protéger, les maltraitait. »

Depuis mai 2004, Eliza Moussaeva effectue une mission comme chercheur pour la Fédération internationale Helsinki des droits de l'homme à Vienne. Elle travaille sur la Tchétchénie et l'Ingouchie et suit aussi un séminaire à l'institut de psychologie Victor-Frank. Elle pense qu'à son retour elle reprendra son travail de psychologue. Elle veut croire qu'un jour enfin le travail effectué par Mémorial permettra aux victimes d'obtenir justice et que les crimes commis en Tchétchénie seront jugés par un Tribunal international.

ARUNDHATI ROY

INDE

plume de sécession

par aurine crémieu

« Ce qui se passe aujourd'hui n'est pas un "problème", et les débats que certains d'entre nous soulèvent ne sont pas des "causes". Ce sont de grands cataclysmes politiques et sociaux qui ébranlent le monde. On ne s'engage pas au nom de sa profession, écrivain ou militant ; on s'engage en qualité d'être humain[1]. »

D'un livre écrit dans les moments de liberté que lui laissait son travail de scénariste pour la télévision indienne, elle a fait un phénomène. Elle-même n'y croyait pas une seconde mais avec *Le Dieu des petits riens*, roman qui raconte l'enfance de deux jumeaux dans un village du Kerala, Arundhati est entrée dans la cour des grands. Cette histoire rurale qui peint l'absurdité du système des castes et la bigoterie politique et morale qui règne dans

1. Arundhati Roy.

une lointaine région de l'Inde est devenue un conte poétique universel. Après en avoir lu le manuscrit, un éditeur anglais se jette dans un avion pour New Delhi afin de la convaincre de signer un contrat. On lui parle de sommes en livres sterling avec trop de zéros pour qu'elle saisisse tout de suite ce qui lui arrive. Le 14 octobre 1997, on lui décerne pour ce roman le Booker Prize, la plus haute distinction de la littérature anglo-saxonne. Le coup de bambou ! Arundhati Roy va chercher son prix à Londres. Habituée à l'ombre, elle apparaît à la lumière du haut de son petit mètre cinquante-cinq, visiblement émue. Elle a tout juste trente-six ans et le monde littéraire vient de s'enrichir d'un auteur belle à croquer avec de grands yeux sombres bordés de khôl et des boucles noir jais qui dégringolent sur les épaules. Le glamour *made in India*, un brillant piqué dans la narine et des saris aux couleurs chatoyantes... c'est d'un exotisme « *so photogenic* » qu'elle devient une couverture de magazine prisée. Dire qu'elle ne se laisse par enivrer serait mentir. Pendant un an, elle va parcourir le monde en tous sens, répondre aux invitations mondaines mais la lucidité n'est pas loin, qui veille, tapie sur son épaule. Cela ne va pas l'amuser longtemps. Elle déteste, par exemple, qu'on parle d'elle comme d'un auteur engagé. Pourtant, cette étiquette censée anoblir son œuvre va lui coller à la peau comme une fatalité. Or, il n'est question pour elle ni d'engagement ni de militantisme mais de responsabilité. C'est le maître mot. Pour Arundhati Roy, se taire est un acte politique au même titre que celui de protester. Elle a choisi de protester parce qu'elle ne peut pas faire autrement, parce que l'Inde, à chaque instant, lui rappelle sa responsabilité d'écrivain aujourd'hui, de vendeuse de bouteilles de bière ou d'architecte hier.

« Être écrivain, de surcroît un écrivain "connu", dans un pays qui compte des millions d'illettrés, est un honneur quelque peu douteux », écrit-elle pour mettre fin à cet engouement suspect qui veut la transformer en héroïne contestataire[2]. Dans le tourbillon qui suit le Booker Prize, il y a la gloire, l'argent, les projecteurs, les critiques acerbes, les jalousies, le grand amour. Tout lui tombe dessus en même temps à tel point qu'elle pense, l'espace d'un instant et sans cynisme, que la mort serait la seule fin parfaite à toute l'histoire. Que pourrait-il lui arriver de plus dorénavant ? « Plus j'y pensais, plus il m'apparaissait que si la notoriété était appelée à devenir mon quotidien, elle finirait par me tuer. Par me terrasser, à coups de bonnes manières et d'hygiène[3]. » Rien à faire, les suites luxueuses des hôtels, la gloire et les dollars ne tissent pas le scénario de ses rêves. Et puis elle est indienne. Si elle ouvre un peu les yeux, tout lui crie la vacuité d'un tel succès, de ce conte de fées contre nature. « Je prône la circonspection, je prône la discrétion, la prudence, l'hésitation,

---

2. Article « Je vois, j'écris, je crie » d'Arundhati Roy pour *Outlook*, hebdomadaire d'actualité indien.

3. Essai « La fin de l'imagination », paru dans *Outlook*, août 1998, puis publié sous le titre *Arundhati Roy, l'écrivain militant*, Gallimard, coll. « Folio documents », 2003, recueil réunissant l'intégralité des essais et articles politiques de l'auteur.

la subtilité, l'ambiguïté, la complexité... J'aime les questions qui restent sans réponse, les histoires non résolues, les sommets vierges, la douce frustration des rêves interrompus. » À trop miser sur ce joli minois, personne n'a vu venir la révolte. Après cette année folle d'avions et de cocktails, elle veut retourner chez elle, à New Delhi, auprès de son mari. Quand, enfin, elle rentre au bercail et pense retrouver un peu de sérénité, le ciel lui tombe sur la tête. L'Inde vient de procéder à des essais nucléaires réussis, ils ont la bombe et le peuple est aux anges. Pour le pays, c'est une fête nationale, pour Arundhati, la fin d'un monde. Ce qu'elle appelle la fin de l'imagination. « La suprême bêtise, c'est de croire que les armes nucléaires ne sont dangereuses que si l'on s'en sert. Le seul fait qu'elles existent, leur seule présence dans nos vies, cause bien plus de dégâts que nous le soupçonnons[4]. » Elle qui voulait reprendre une vie normale commence par aiguiser sa plume pour dire son indignation. La première d'une longue série. En publiant son essai dans l'hebdomadaire le plus lu de l'Inde, elle risque gros : se prononcer contre la bombe, c'est être antinationaliste, pire, antihindou. Ses amis la mettent en garde mais il n'est pas question d'un silence qu'elle juge complice. À ce moment-là de sa vie, elle fait sécession :

« Mon univers est mort.
Si j'écris, c'est pour pleurer sa fin. »

4. *Ibid.*

De ce triste jour nucléaire de mai 1998, Arundhati Roy ne va jamais trouver le temps d'écrire un deuxième roman. Parce que des feux s'allument un peu partout dans le pays et qu'il lui faut le temps de calmer ses colères. Une sale guerre au Cachemire, un Ben Laden qui va bientôt provoquer l'Amérique, l'Afghanistan et ses ruines, l'Irak et les mensonges, les ressources naturelles aux riches, les yeux pour pleurer aux miséreux... Non, décidément, il est trop tôt pour que sa voix s'apaise.

narmada

Un jour, elle prend un train puis un bateau pour pénétrer un monde aquatique, en perdition lui aussi. « C'est la curiosité qui m'a conduite jusqu'à la vallée de la Narmada. Mon instinct me disait qu'on y jouait gros jeu. » Dans cette Inde immense coule un fleuve, la Narmada. Ce ruban de 1 300 kilomètres qui traverse les vallées parmi les plus fertiles du pays est défiguré par le béton d'un programme pharaonique lancé en 1961 par le Premier ministre Jawaharlal Nehru qui projette, à terme, l'édification de 3 165 barrages sur le fleuve et ses affluents. Soit 37 700 hectares de terres inondées et aucune alternative viable pour les millions de personnes vivant sur ses rives. Des villages entiers ont déjà disparu sous les eaux dont les habitants doivent aujourd'hui errer dans les bidonvilles de Bhopal ou de Baroda. Pour l'esprit structuré d'Arundhati Roy, diplômée d'architecture, ce pourrait être un bijou de construction et de développement mais ce qu'elle découvre en arrivant sur les lieux, ce sont d'abord des villageois qui résistent pacifiquement depuis plus de dix ans, immergés dans les eaux saumâtres. Au nom du « progrès national », le gouvernement va mettre en danger la vie de plus de 320 000 Indiens, issus pour la plupart de communautés Adivasi (peuples tribaux originels de l'Inde) et des basses castes. Cette masse silencieuse indienne, celle qui ne sait ni lire ni écrire, est condamnée à s'exiler, à quitter le seul morceau de terre capable de nourrir ses enfants. L'Inde est coutumière du fait – troisième constructeur de barrages au monde, l'ensemble de ses projets hydrauliques a déjà laissé des millions de personnes sur le carreau. Des millions ! Dans cet univers d'eau et de malaria, Arundhati Roy rencontre la belle Medha Patkar, venue de Bombay pour vivre dans une cahute au bord de la Narmada et mieux organiser la résistance. Entre les deux femmes, le courant passe tout de suite. Bouleversée par ce qu'elle a vu, l'auteur du *Dieu des petits riens* reverse l'intégralité de son Booker Prize, soit 30 000 euros, au Narmada Bachao Andolan[5].

basses castes

Dans son sillage, elle déplace caméras et journalistes et donne ainsi une résonance internationale au combat pour sauver la Narmada. Elle se met à dévorer toutes les études scientifiques sur le sujet, épluche les diagrammes, les rapports d'experts, confronte les statistiques. Elle peut affirmer qu'aucun de ces projets pharaoniques n'a rempli ses promesses, « ils sont la plus sûre manière de priver le paysan de sa sagesse ancestrale, et la méthode la

5. Association Sauvons la Narmada.

plus éhontée pour enlever l'eau, la terre et l'irrigation aux pauvres et en faire cadeau aux riches. (...) Il fut un temps où les chiffres m'assommaient. Plus maintenant[6] ». Avec ce combat pour la Narmada, Arundhati Roy devient malgré elle une nouvelle muse pour les altermondialistes. Ils l'invitent à tous les grands rendez-vous sociaux et écologistes. Bien sûr, elle accepte d'aller taper du poing sur la table à Porto Alegre ou à Bombay, elle signe des appels à M. Bush ou Kofi Annan pour que des milliers d'innocents soient épargnés d'une pluie de bombes en Afghanistan ou en Irak, fussent-elles démocratiques et « bénites par Dieu » ! Ce qu'elle conteste, en revanche, c'est qu'on lui colle une étiquette de plus. Elle n'est pas plus altermondialiste qu'elle n'est militante écologiste. Juste une femme qui comme « quiconque prend conscience des désastres de la mondialisation » et « n'est plus innocente ». Elle fait couper ses cheveux très court, histoire de rompre avec l'image de la belle Indienne glamour. Encouragée par ses proches et par Pradeep Krishen, son mari cinéaste, elle se transforme. Il n'aura fallu qu'une poignée d'années pour que les personnages romanesques, ces héros *de petits riens* qui peuplaient la vie d'Arundhati, s'effacent derrière la cruauté tangible du monde. L'imaginaire d'une romancière phagocyté par son devoir de parole. Pour Arundhati, c'est un vrai dilemme. Un peu comme si elle était prise à son propre piège, celui de cette res-

6. « Pour le bien commun », essai publié dans *Outlook* en 1999. Ce texte devient *Le Coût de la vie* dans sa traduction française, Gallimard, 2003.

ponsabilité érigée en ligne de conduite. Quand elle veut se remettre à écrire de la fiction, on lui demande de se prononcer sur les guerres en cours, le pillage des ressources naturelles, l'hégémonie américaine. Quand elle prend position sur ces dossiers, on lui demande quand sortira son prochain roman. Une situation inextricable en somme. Pour elle qui fut architecte, vendeuse de gâteaux, comédienne d'un jour, scénariste, romancière, écologiste, humaniste, que lui importe finalement d'être reconnue comme ceci ou cela. Le Booker Prize a vécu, il est déjà loin et ne changera rien à la face du monde.

Quand sa plume vigilante lui en laisse le temps, elle descend vers le Sud reprendre des forces chez sa mère, la douce Mary Roy, qui cultive son jardin au Kerala. Cet État paisible et fertile de l'Inde a le taux le plus élevé d'alphabétisation et de scolarisation, notamment pour les filles. Les missionnaires chrétiens y sont pour quelque chose et d'ailleurs Mary, sa mère, est chrétienne. Elle avait épousé un Bengali, Hindou venu au Kerala pour y planter du thé. Arundhati est née de ce mariage, pas très heureux, le 24 novembre 1961 et aujourd'hui encore elle a bien du mal à évoquer son père, « je ne veux pas en parler, je ne sais rien de lui. J'ai dû le voir deux ou trois fois, un point c'est tout ». Elle grandit entourée de femmes dans ce monde lagunaire fait d'épices, de luttes marxistes et d'un joyeux mélange de religions. Tout naturellement, c'est le décor qui va l'inspirer pour son *Dieu des petits riens*, ce « premier roman » traduit en quarante langues et déjà vendu à six millions d'exemplaires. Sur la page des remerciements, on peut lire : « Pour Mary Roy qui m'a élevée. Qui m'a appris à dire "excusez-moi" avant de l'interrompre en public. Qui m'a suffisamment aimée pour me laisser partir. » Arundhati a quitté le nid jeune, à seize ans, peut-être pour mieux retrouver sa mère aujourd'hui. Les deux femmes sont complices et Mary n'a pas besoin de mots pour comprendre l'épuisement qui gagne quelquefois sa fille face à tout ce qu'il reste de combats à mener. Elle-même fut une militante sociale acharnée ; elle sait que sous ses aspects exotiques, le Kerala est un terrain d'injustice qui a laissé des traces dans l'imaginaire de la jeune Arundhati. D'ailleurs, dans *le Dieu des petits riens*, n'est-il pas question d'une grande histoire d'amour entre un homme à tout faire dalit (intouchable) et la fille d'un chef d'entreprise prospère ? Pour avoir osé bafouer des règles morales établies par un système des castes archaïque, Arundhati sera menacée de procès et harcelée par des fanatiques hindous dès la parution du livre. La réalité rattrapait déjà l'auteur à succès. Quoi qu'elle écrive, Günter Grass[7] dit d'elle qu'elle l'écrit « avec colère, une colère rentrée ». Elle l'avoue, garder le silence sur toutes ces questions infamantes lui serait insupportable. « Je viens d'un pays qui a mené une guerre non violente pour gagner son indépendance. Et c'est une chose phénoménale.

menacée

7. Écrivain allemand, prix Nobel de littérature.

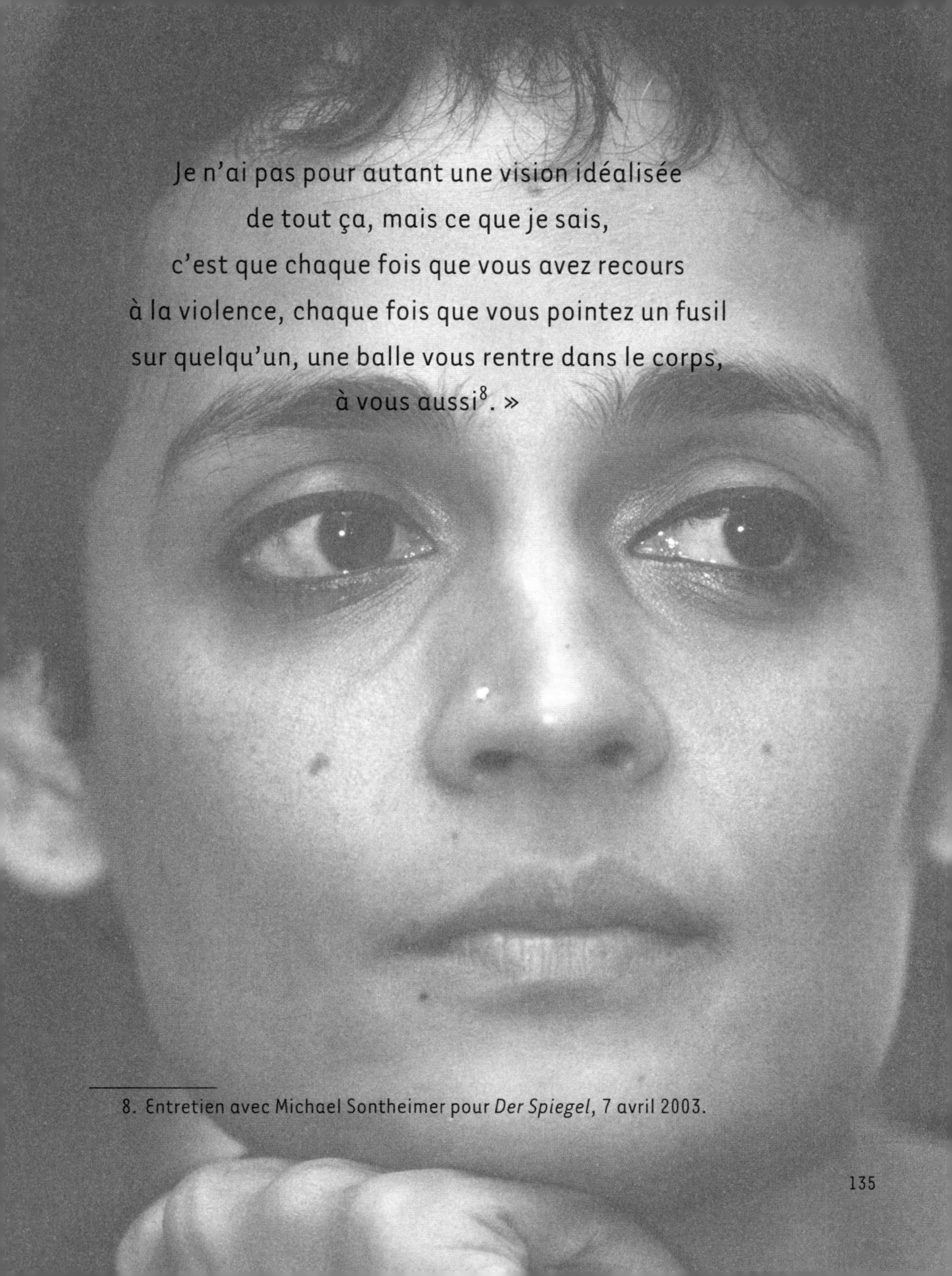

Je n'ai pas pour autant une vision idéalisée de tout ça, mais ce que je sais, c'est que chaque fois que vous avez recours à la violence, chaque fois que vous pointez un fusil sur quelqu'un, une balle vous rentre dans le corps, à vous aussi[8]. »

8. Entretien avec Michael Sontheimer pour *Der Spiegel*, 7 avril 2003.

NGAWANG SANGDROL

TIBET

une enfance volée

par hélène jullien

« Malgré les atrocités commises et toute l'oppression, nous devons sauver notre culture et notre religion, tout ce qui est une spécificité tibétaine et peut encore être sauvé[1]. »

Après plus de onze années passées dans les geôles chinoises, la jeune Tibétaine Ngawang Sangdrol a enfin été libérée le 17 octobre 2002, neuf ans avant la fin de sa peine, pour raisons médicales mais aussi grâce à une forte pression internationale. Des années de tortures, d'isolement et de privation ont fragilisé sa santé, mais n'ont jamais réussi à vaincre l'extraordinaire détermination de cette jeune femme, âgée aujourd'hui de vingt-sept ans. Portée par sa foi bouddhiste, elle s'est battue pacifiquement depuis son enfance contre l'occupation chinoise et pour la défense d'un Tibet enfin libre.

1. Ngawang Sangdrol.

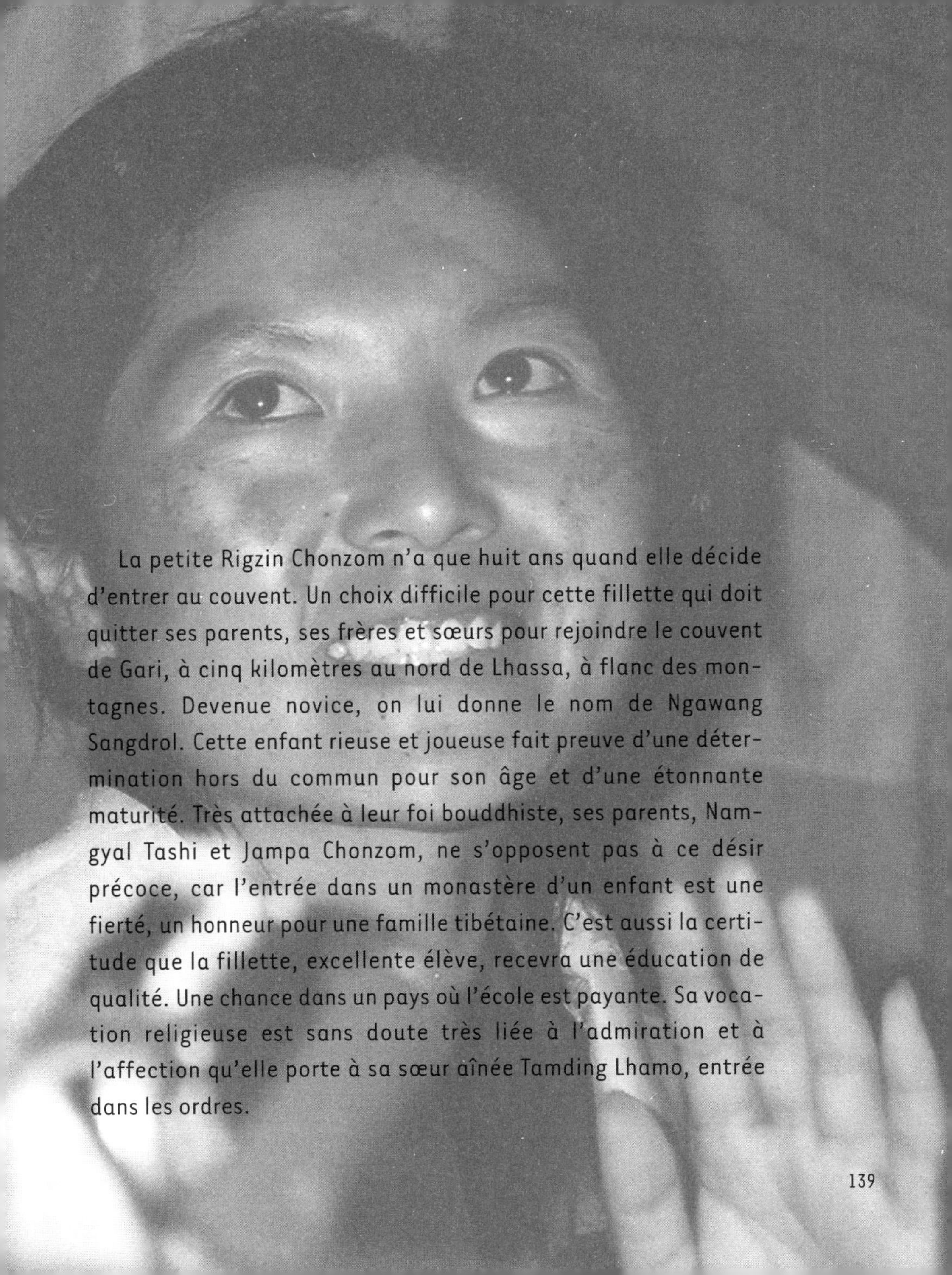

La petite Rigzin Chonzom n'a que huit ans quand elle décide d'entrer au couvent. Un choix difficile pour cette fillette qui doit quitter ses parents, ses frères et sœurs pour rejoindre le couvent de Gari, à cinq kilomètres au nord de Lhassa, à flanc des montagnes. Devenue novice, on lui donne le nom de Ngawang Sangdrol. Cette enfant rieuse et joueuse fait preuve d'une détermination hors du commun pour son âge et d'une étonnante maturité. Très attachée à leur foi bouddhiste, ses parents, Namgyal Tashi et Jampa Chonzom, ne s'opposent pas à ce désir précoce, car l'entrée dans un monastère d'un enfant est une fierté, un honneur pour une famille tibétaine. C'est aussi la certitude que la fillette, excellente élève, recevra une éducation de qualité. Une chance dans un pays où l'école est payante. Sa vocation religieuse est sans doute très liée à l'admiration et à l'affection qu'elle porte à sa sœur aînée Tamding Lhamo, entrée dans les ordres.

La famille, comme tout le peuple tibétain, voue un culte sans faille au dalaï-lama, chef spirituel et temporel du Tibet. Malgré vingt années de répression féroce (1959-1979) et la volonté des Chinois d'éradiquer la culture ancestrale tibétaine, Beijing n'a jamais réussi à briser la détermination des Tibétains. À travers la vénération qu'ils portent au dalaï-lama, exilé depuis 1959 en Inde, la religion est devenue pour de nombreux Tibétains un des piliers de la résistance à la politique d'occupation. Les monastères qui sont devenus des foyers de résistance ont été combattus comme tels.

dalaï-lama

La petite Ngawang appartient à une famille de militants convaincus. Ses parents lui ont raconté l'invasion du Tibet, les années d'assimilation forcée et l'arrivée massive de colons chinois visant à faire du Tibet une simple province chinoise. Son père, Namgyal Tashi, a participé au soulèvement de Lhassa au printemps 1959. Une révolte écrasée dans le sang qui a fait plusieurs milliers de morts et a contraint le dalaï-lama à prendre la fuite à travers l'Himalaya pour se réfugier en Inde, bientôt suivi par des milliers de compatriotes. À la suite de ces manifestations, comme de nombreux Tibétains, le père de Ngawang sera condamné à une peine de travaux forcés et toute la famille sera désormais étiquetée « réactionnaire ». Durant la Révolution culturelle (1966-1976), la répression s'intensifie encore, le parti communiste chinois fait exécuter des milliers d'opposants ou les envoie en prison, où ils subissent torture et privation. Les temples sont pillés et détruits[2].

Fin 1978, la famille est touchée par un nouveau drame : le fils aîné, Rigzin Gompo, membre actif d'un groupe de jeunes résistants, les Jeunes Tigres tibétains, est abattu par des soldats chinois. Quelques jours plus tard, onze de ses camarades seront exécutés en public. À partir de ce jour, tous les enfants seront élevés dans le culte de ce frère martyr.

La fin de la Révolution culturelle et l'arrivée au pouvoir des réformateurs en Chine permettent au Tibet de bénéficier durant quelques années (1979-1987) d'un régime plus clément : le commerce privé et l'étude de la langue tibétaine sont à nouveau autorisés et la liberté religieuse mieux respectée. Mais quand, à l'automne 1987, les Tibétains manifestent dans les rues de Lhassa, ils se heurtent aux limites de l'ouverture du régime chinois qui ne tolère pas leur velléité d'indépendance. Le Tibet entre dans une nouvelle ère de répression[3]. Toutes ces années d'occupation et de répressions violentes vont se dérouler dans un huis clos total, car à cette époque aucun Occidental n'est autorisé à pénétrer au Tibet. Ce n'est qu'en 1989, quand le dalaï-lama reçoit le Prix Nobel de la paix, que le monde découvre l'ampleur de la tragédie tibétaine.

huis clos

2. La quasi-totalité des édifices religieux ont été détruits par les militaires chinois. On considère que moins d'une dizaine ont survécu à cette politique d'éradication.

3. Les habitants de Lhassa manifestent à nouveau en 1988, puis en 1989. La ville est à feu et à sang et les Chinois décrètent la loi martiale qui sera levée en 1990.

C'est à cette époque que Ngawang, qui n'a alors que onze ans, assiste, le 21 août 1990, au festival tibétain de Chotön (la fête du yaourt). Comme les autres novices du couvent de Gari, elle est révoltée par la surveillance incessante des autorités chinoises au sein de son monastère[4]. Dès que le petit groupe se met à crier : « Tibet libre ! Longue vie à Sa Sainteté le dalaï-lama », des policiers en uniforme et en civil les arrêtent et les frappent. Durant le voyage, ainsi que dans l'enceinte de la prison de Gutsa, les coups continuent à pleuvoir. Mais Gutsa n'est qu'une prison de transit, et l'adolescente est emmenée à Drapchi, la prison des longues peines, où prisonniers politiques et de droit commun sont mêlés. Elle y restera neuf mois. Accusée d'être une « séparatiste » et une « contre-révolutionnaire », la novice, en dépit de son très jeune âge, va connaître le sort réservé aux prisonniers politiques : tortures et humiliations quotidiennes. Frappée sur la tête à coups de tuyau de fer, Ngawang subit aussi le supplice de l'avion : suspendue au plafond, les mains attachées dans le dos, la malheureuse est ballottée au rythme des coups de fouet. Au bout d'une semaine d'interrogatoires, les tortures cessent. L'enfant est alors emmenée dans une petite cellule non chauffée où, n'ayant même pas une couverture, elle va grelotter au cours des mois d'hiver.

supplice

4. Une surveillance très dure qui va s'intensifier à partir de 1996 quand les Chinois vont lancer la campagne « frapper fort » pour combattre les « crimes des séparatistes », ainsi qu'un programme de rééducation dans les monastères qui va pousser des centaines de religieux sur les chemins de l'exil.

À sa sortie de prison, on lui interdit de retourner au couvent de Gari. Le retour dans sa famille est douloureux. Usée par des années de répression, sa mère, dont les problèmes cardiaques se sont aggravés, est morte juste avant sa libération. Son père et l'un de ses frères ont à nouveau été arrêtés pour raisons politiques et la jeune Ngawang, comme tous les prisonniers politiques libérés, vit sous une surveillance policière constante.

Pourtant, au bout de quelques mois, en juin 1992, elle manifeste à nouveau dans les rues du Barkhor, qui entourent le Jokhang, le temple le plus sacré du Tibet. Elle est aussitôt arrêtée et conduite à la prison de Drapchi. Cette adolescente âgée de treize ans va y passer onze très longues années.

Au début de l'année 1993, un des prisonniers qui sort quotidiennement pour aller travailler pour les Chinois, parvient à faire passer clandestinement un magnétophone aux prisonnières. La nuit, dans le plus grand secret, quatorze adolescentes et nonnes enregistrent seize chants sur des paroles qu'elles ont elles-mêmes écrites. Des paroles très explicites :

« Mon cœur est le dalaï-lama
Il a dû quitter sa terre de naissance
Mais les trois provinces du Tibet sont unies
Pour défendre la religion
Les Chinois doivent être expulsés
D'ici un an ou deux
Nous devrons être indépendants. »

Elles parlent aussi de leurs conditions de détention, de la torture et des coups qu'elles subissent quotidiennement. Les cassettes destinées au départ à leurs compatriotes vont circuler à l'étranger, grâce à des réfugiés tibétains qui les emmèneront au péril de leur vie dans leur exil vers l'Inde. Les associations de défense du Tibet vont les traduire en français et en anglais permettant à la cause des nonnes de Drapchi de sortir du huis clos tibétain. Mais quand l'administration découvre le pot aux roses, leur peine est prolongée de six ans.

En 1996, la jeune femme écope de huit années supplémentaires de prison et de longs mois d'isolement pour avoir crié « *Rangzen* », « indépendance » en tibétain. Mais ses problèmes ne s'arrêteront pas là, car désormais les Chinois la considèrent comme une meneuse. Voulant humilier les prisonniers et les forcer à reconnaître l'autorité de la Chine, le 1er mai 1998, les gardiens de Drapchi font sortir les prisonniers dans la cour, où pour la première fois ils vont hisser le drapeau chinois. Mais à peine la cérémonie débute-t-elle, que des prisonniers de droit commun se mettent à crier : « Libérez le Tibet. » Aussitôt, les gardiens tirent sur les détenus. Les politiques qui n'avaient pas été autorisés à sortir prennent le relais. Cet épisode vaut aux nonnes d'être battues avec tant de sauvagerie que plusieurs d'entre elles mourront des suites des coups reçus. La tête de Ngawang est si enflée par les coups que, durant plusieurs semaines, elle ne pourra pas dormir. Comme tous les prisonniers, elle ne peut bénéficier d'aucune forme de soins et sa santé commence à se détériorer. Elle se voit infliger quatre nouvelles années de détention pour rébellion. Ce qui porte sa peine à vingt et un ans.

Quand elle vient à Paris, en juin 2003, répondant à l'invitation du groupe d'étude parlementaire sur le Tibet, la jeune femme, sortie depuis quelques mois à peine de prison, semble très marquée. Son fin visage entouré de longs cheveux noirs attachés en queue de cheval est creusé, sa voix est neutre, sans timbre. Petite, elle paraît comme repliée sur elle-même, son esprit entièrement tourné vers ses années de prison, et les compagnes qu'elle a laissées derrière elle dans les geôles chinoises. Elle porte des vêtements civils car, ayant été envoyée en prison dès onze ans, elle n'a jamais prononcé ses vœux. À quelqu'un qui lui demande d'une manière un peu naïve, en se référant à la philosophie bouddhiste, si elle éprouve de la compassion pour ses geôliers, elle répond : « Non, de la colère. » Ngawang souligne qu'elle n'est pas une personne exceptionnelle et que d'autres prisonniers ont subi des sévices plus graves que les siens. Elle évoque le sort des prisonniers politiques libérés au Tibet qui vivent en résidence surveillée, qui n'ont pas le droit de travailler et sont complètement exclus de la société. Pour elle, le problème dépasse celui des prisonniers politiques. La société tibétaine est effectivement quadrillée, surveillée à tous les niveaux. Les Tibétains sont espionnés par les brigades de quartier et de travail, et chacun craint son voisin ou son collègue de travail, qui demain peut-être pourrait le dénoncer.

Durant toutes ces années, Ngawang a résisté, portée par une certitude :

« La vérité était de notre côté.
J'étais convaincue que notre cause était juste. »

Une conviction que partagent de nombreux Tibétains, qui continuent, après cinquante années d'occupation, à défier au quotidien l'ordre chinois, en marquant leur différence. La plupart d'entre eux ne se sont jamais résignés et cultivent une résistance subtile « sous le manteau ». Quand les Chinois interdisent les portraits du dalaï-lama, ils honorent les cadres ou cachent sa photo sous leurs vêtements. Avec ce même sens pratique, dans sa prison, la jeune Ngawang avait fabriqué un chapelet (un *mala*) avec les fils rouges de sa chemise de prisonnière. Un combat pour préserver leur culture qui s'exprime aussi à travers les chansons ou la poésie dont les Tibétains sont très friands. Derrière de simples chants aux thèmes traditionnels se cachent souvent des paroles très politiques. Cette résistance se mesure aussi à la ferveur que les Tibétains mettent à reconstruire leurs monastères chaque fois qu'ils le peuvent[5]. Une force de détermination et de résistance, que les Chinois n'avaient sûrement pas mesurée lorsqu'ils ont envahi le Tibet il y a cinquante ans.

résistance

5. Depuis 1979, les Tibétains ont été autorisés à reconstruire un certain nombre de monastères.

Aujourd'hui, alors qu'elle vit en exil à Washington D. C., Ngawang reconnaît avoir du mal à s'accoutumer à sa liberté et à sa nouvelle vie : « Cela provient du fait que j'ai été élevée sous un régime autoritaire depuis mon enfance et que j'ai vécu sans totale liberté depuis plus de onze ans, en prison[6]. » Elle a obtenu le statut de réfugiée en 2004 et continue à témoigner régulièrement, notamment dans les écoles et les universités américaines, bien que, comme de nombreux exilés tibétains, elle soit gênée par son anglais approximatif. Elle tente comme elle le peut d'aider les opposants qui continuent de croupir dans les geôles chinoises, notamment en recueillant des informations sur leur sort.

« On pourrait dire que le Tibet est une immense prison à ciel ouvert. Aussi longtemps que le peuple tibétain restera sous le contrôle et le joug chinois, nous serons tous des prisonniers privés de nos droits fondamentaux. »

6. Conférence de presse donnée au Congrès des États-Unis le 10 mars 2004.

Biographie : Philippe Broussard et Danielle Laeng, *La Prisonnière de Lhassa*, Stock, 2001.

LEÏLA SHAHID

PALESTINE

la bataille dans l'exil

« C'était une entité, mais elle n'avait plus de territoire. Où était donc cette nation ? Bien que la terre lui eût été retirée à la manière d'un tapis de sous les pieds, la nation gardait sa fonction, préservant la conscience nationale – mais où ? Dans deux domaines, tous deux également inadéquats : le rêve et l'arabité[1]. »

« Déléguée générale de Palestine en France », c'est son titre et elle y tient beaucoup. Pas pour le statut diplomatique que cela lui procure mais pour la reconnaissance que ce titre suppose. En 1988, quand Yasser Arafat, le raïs palestinien, reconnaît l'État d'Israël, François Mitterrand et son ministre des Affaires étrangères, Roland Dumas, veulent donner un nom plus officiel au modeste bureau d'information de l'OLP de Paris[2]. Ce qui n'était alors qu'un bureau de représentation devient la Délégation générale de Palestine. Cela ne semble pas grand-chose mais pour Leïla

1. Jean Genet à Chatila. *Les Palestiniens*, Babel, 1992.

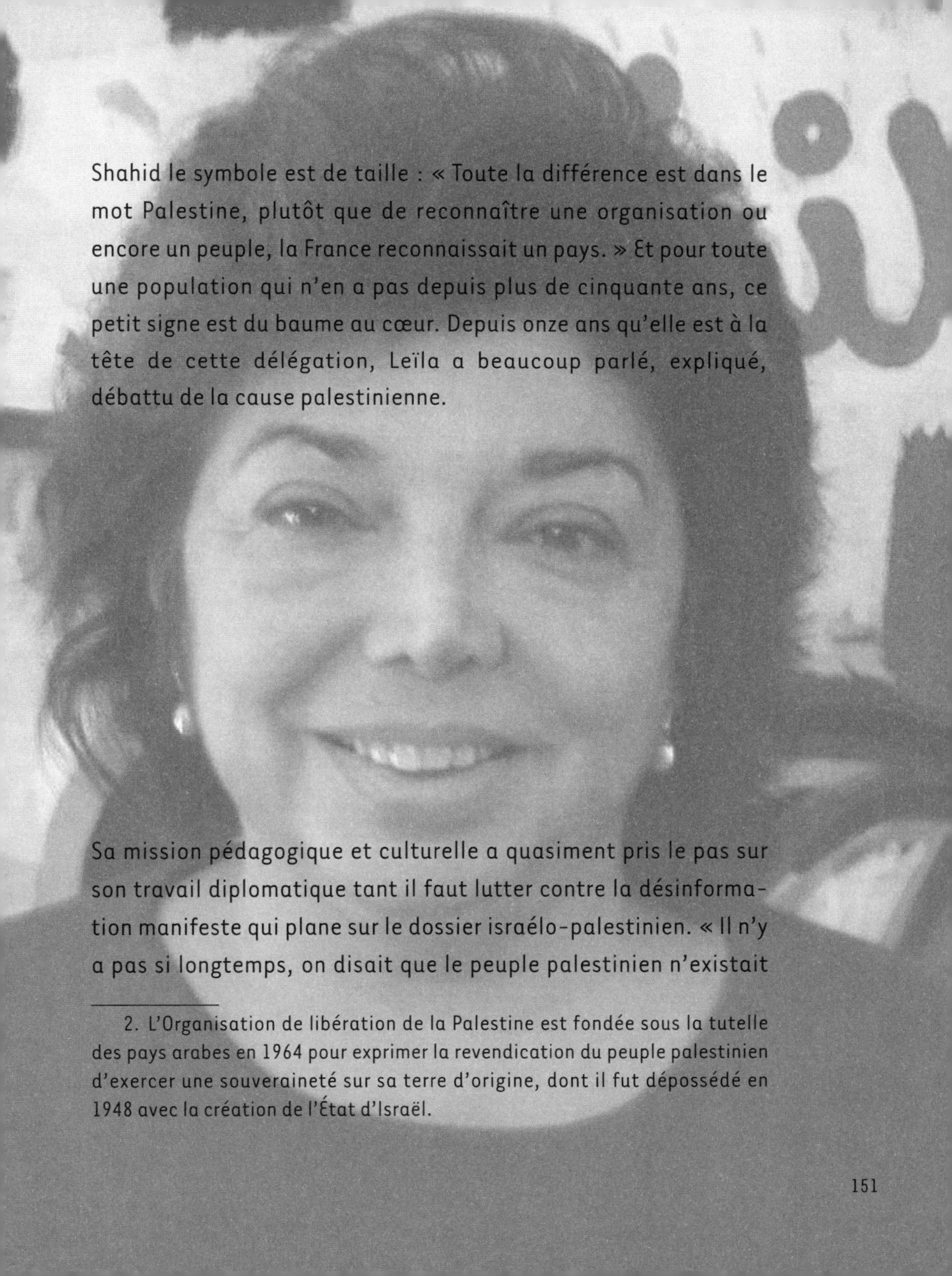

Shahid le symbole est de taille : « Toute la différence est dans le mot Palestine, plutôt que de reconnaître une organisation ou encore un peuple, la France reconnaissait un pays. » Et pour toute une population qui n'en a pas depuis plus de cinquante ans, ce petit signe est du baume au cœur. Depuis onze ans qu'elle est à la tête de cette délégation, Leïla a beaucoup parlé, expliqué, débattu de la cause palestinienne.

Sa mission pédagogique et culturelle a quasiment pris le pas sur son travail diplomatique tant il faut lutter contre la désinformation manifeste qui plane sur le dossier israélo-palestinien. « Il n'y a pas si longtemps, on disait que le peuple palestinien n'existait

2. L'Organisation de libération de la Palestine est fondée sous la tutelle des pays arabes en 1964 pour exprimer la revendication du peuple palestinien d'exercer une souveraineté sur sa terre d'origine, dont il fut dépossédé en 1948 avec la création de l'État d'Israël.

pas. La Palestine était présentée comme une terre sans peuple – un désert –, pour un peuple sans terre – le peuple juif. Son nom a été rayé des cartes et des livres d'histoire le jour où Israël a été créé. » Plus qu'un combat politique, c'est un combat existentiel que Leïla mène depuis son adolescence. Elle a décidé de le mener en France, « ce pays de l'idéal de la Révolution française, des Lumières et des droits de l'homme ». Sa rencontre avec la langue de Voltaire remonte à loin, au jardin d'enfants de Beyrouth, ville cosmopolite où elle naît en exil seulement un an après la création de l'État d'Israël. À la maison, on parle plutôt l'arabe ou l'anglais ; l'appartement familial étant à quelques pas de l'université américaine où papa est professeur de médecine. Mais sa mère, Serene, est en colère contre les Anglais parce qu'ils avaient mandat sur la Palestine et qu'ils ont trahi son peuple, lui promettant d'abord son indépendance pour ensuite se dédire et aider le mouvement sioniste à fonder un État juif sur les terres palestiniennes. Serene ne leur pardonne pas cette trahison et envoie, par défi, ses filles dès le jardin d'enfants à l'école française. « Elle m'a dit : "Les Anglais ont été tellement injustes avec nous, peut-être les Français seront plus justes." »

Le destin de Leïla est intimement lié à celui de sa mère, femme de résistance et de combat mais femme de tristesse aussi. « Elle m'a transmis toute la douleur de la perte de la Palestine. » Serene Husseini Shahid appartient à une famille intimement mêlée à la résistance nationale palestinienne. Son grand-père fut maire de Jérusalem de 1904 à 1908. Son père et son oncle participèrent à la révolte de 1936 contre les Britanniques et furent déportés dans un camp aux Seychelles de 1939 à 1945. Elle-même fut envoyée avec sa mère au Liban. Depuis, elle ne « cicatrise pas ». D'autant qu'il reste une grande maison à Jérusalem, trace indélébile de cette famille jadis unie et gaie. Elle ne peut plus y mettre les pieds puisqu'elle est à l'ouest de la ville et désormais occupée par une famille juive israélienne. Quand ses trois filles étaient petites, Serene les emmenait de l'autre côté du no man's land qui sépare Jérusalem Est et Ouest et leur montrait sa maison par-delà les barbelés[3]. « Je me rappelle toujours ses sanglots. Bien avant toute conscience politique, c'est la douleur de ma mère dépossédée qui a forgé ma colère. » Ce n'est que plus tard, quand Leïla va entrer dans les camps de réfugiés palestiniens de Beyrouth, qu'elle va prendre la vraie mesure des larmes de sa mère. Un drame collectif qui s'alourdit encore davantage au lendemain de la guerre des Six Jours de 1967, où des centaines de milliers de réfugiés affluent à nouveau vers le Liban. 400 000 Palestiniens de plus, jetés hors de chez eux. Très vite, à l'intérieur des camps, plusieurs comités de l'OLP organisent la résistance politique. En 1969, les autorités libanaises, ne parvenant pas à contenir le soulèvement des réfugiés en colère, préfèrent se retirer du contrôle des camps. C'est une *Intifada*, la première, et elle a lieu

3. La ville de Jérusalem, revendiquée par les Palestiniens et les Israéliens, est coupée en deux par une route faisant office de frontière (la Route n° 1) bordée d'un no man's land. La maison de Serene Husseini Shahid est en bordure de cette route.

à Beyrouth. « J'y allais tous les jours, j'avais l'impression d'aller en Palestine. Il régnait une euphorie politique et sociale incroyable et je vivais cela avec eux, de l'intérieur. » Pour Leïla, c'est la fin de l'abstraction. Tout ce qu'elle a entendu ou lu dans sa petite enfance prend corps brutalement. Elle est étudiante et se passionne pour l'anthropologie. Ces camps bricolés dans lesquels les Palestiniens reconstruisent une patrie fictive sont un terrain d'étude formidable pour elle. Rien n'y est anodin. Elle comprend que sa vie se joue dans cette lutte et ne tarde pas à adhérer au Fatah, le parti de Yasser Arafat. Elle s'éloigne un peu de ses amis, issus d'une jeunesse dorée et dont les activités et les distractions l'ennuient.

« J'étais très jeune mais j'avais cette intuition
qu'il se passait quelque chose d'exceptionnel.
Je me sentais en totale osmose avec ce mouvement
et j'avais vraiment l'impression
de participer à l'histoire. »

Ce mélange de militantisme politique, qu'elle découvre avec le Fatah, et d'études à l'université américaine de Beyrouth qui vibre alors d'un esprit contestataire et curieusement antiaméricain, la comble. Aucun signe alors ne lui met la puce à l'oreille du chaos qui va suivre. Et jeter le Liban dans la guerre civile.

Pourtant, l'euphorie de ces quelques années passée, Leïla s'inquiète de certaines pratiques du Fatah. Elle sent qu'elle doit prendre des distances avec ses activités politiques et se consacrer davantage à ses recherches. Il est temps de théoriser tout ce travail effectué sur le terrain, dans les camps de réfugiés ! Ce sera la France et l'École pratique des Hautes Études. Elle démarre une thèse ambitieuse qu'elle n'aura jamais le temps de terminer...

« En 1976, l'extrême droite libanaise, les Phalangistes (chrétiens), assiège les camps palestiniens. La confrontation est violente et je ne peux plus me contenter de faire des études. Il y a une guerre civile en moi, j'aime le Liban et en même temps je suis palestinienne. » Si l'amour n'était pas passé par là pour la garder encore un peu hors des griffes de la guerre, Leïla serait sûrement rentrée à Beyrouth. Mais elle épouse l'écrivain marocain Mohamed Berrada et part vivre au Maroc. Elle va vers ce pays du Maghreb « comme on va dans un sanatorium », pour oublier le Liban et l'horreur de cet affrontement sanglant. Elle découvre un autre monde arabe, une douceur de vivre qui la retient, sans nostalgie aucune, jusqu'en 1982.

palestinienne

« Mais l'Histoire vous rattrape toujours »,

le siège de Beyrouth et l'expulsion de l'OLP la ramènent à sa cause. Elle arrive au Liban avec un ami cher rencontré à Paris, Jean Genet. Il est déjà malade mais veut se rendre dans les camps pour être plus près encore des Palestiniens. « Ce lundi-là, nous sommes rentrés à la maison vers 18 heures. Jean s'est retiré dans sa chambre, moi dans la mienne. J'ai pris les journaux pour lire la presse du matin et je ne pensais pas le revoir avant le lendemain. Au bout d'un moment, il sort de sa chambre, je le vois entrer dans la mienne, à moitié assommé par le Nembutal, avec son pantalon à moitié défait, hirsute, avec les cheveux debout, il vient sans un mot s'installer dans un fauteuil près de mon lit. Il me regarde et il me dit : "Je les aime." Je dis : "Mais qui ?" Et il me répond : "Les Palestiniens." Alors, je ris et je lui dis : "Oui, je comprends, je crois[4]." »

Avec les massacres qui suivent dans plusieurs camps du Liban dont celui gravé dans les mémoires de Sabra et Chatila, Leïla est de nouveau happée par la politique. Comme elle, de nombreuses femmes palestiniennes sont entrées dans la lutte et animent des associations, des syndicats. « Une situation de résistance bouscule les valeurs traditionnelles des sociétés et propulse souvent les femmes vers des responsabilités importantes. » Yasser Arafat croit beaucoup à la capacité de ces femmes à apporter un autre souffle en politique. Il demande à Leïla Shahid de représenter l'OLP dans plusieurs pays d'Europe. Elle hésite à accepter sachant les sacrifices que cela implique. Mais Mohamed Berrada connaît bien son épouse, il sait qu'elle est « taillée » pour cette mission, qu'elle

4. Jean Genet s'intéressa de près à la question palestinienne. Proche des mouvements palestiniens en France, il se rendra plusieurs fois dans les camps de base en Jordanie puis au Liban. Il sera un ami et complice de Leïla Shahid jusqu'à sa mort en 1986. Récit de L. Shahid issu de *Genet à Chatila*, Actes Sud, 1994.

brûle d'expliquer au monde la douleur du peuple palestinien et l'urgence d'une issue politique. Sans son insistance et son soutien, Leïla n'aurait peut-être pas connu l'Irlande, les Pays-Bas, le Danemark, les bureaux labyrinthiques de l'Unesco puis enfin le petit immeuble du 15e arrondissement de Paris où se trouve aujourd'hui son bureau de la délégation. Comme elle n'a pas d'enfant, elle peut se consacrer tout entière à sa tâche, immense.

« Je découvrais alors l'ignorance de l'Europe vis-à-vis de la réalité palestinienne. Il fallait tout expliquer. Les Palestiniens sont victimes de stéréotypes invraisemblables, qui touchent les Arabes et les musulmans en général. Des images qui relèvent des vestiges de l'époque coloniale et du racisme ordinaire. » Son premier travail sera de changer, à force de patience, cette image du Palestinien avec un couteau entre les dents ou une ceinture d'explosifs à la taille. Les attentats du 11 septembre vont lui compliquer encore la tâche. Si certains Palestiniens ont en effet choisi la lutte armée, la plus grande partie de ce peuple aspire à vivre dans la paix et n'entend rien à la guerre. « C'est un peuple profondément attaché au droit, au sien mais aussi à celui des autres. » Un jour, à Paris, elle accompagne un envoyé d'Arafat à l'Élysée. Ensemble, ils annoncent à François Mitterrand que des accords secrets sont en cours. Les fameux accords d'Oslo ! L'euphorie reprend du service. Il y aura le retour d'Arafat en Palestine, la naissance d'une Autorité, les prémices d'un État

Oslo

avec un Parlement, des élections... Las, il y aura aussi des dirigeants israéliens qui s'évertueront à détruire ce fragile édifice. Le pire étant sans aucun doute le dernier en date, Ariel Sharon. « Si cet homme n'avait pas le soutien du gouvernement de George W. Bush, il serait jugé comme criminel de guerre. » Plusieurs le pensent en effet et des plaintes ont été déposées en ce sens, comptant sur la compétence universelle pour rendre justice non seulement au peuple palestinien mais aussi à toute une partie de la société civile israélienne qui n'en peut plus de ce conflit. La justice attendra ! Et Sharon continue de saper tout espoir de paix. Maisons palestiniennes rasées au bulldozer, champs d'oliviers arrachés, mur de béton érigé, miradors et check point humiliants... Leïla n'a pas fini d'expliquer. Certains jours, c'est Sisyphe mais elle veut y croire. Elle doit souvent réprimer l'impatience, composer avec la colère, garder son sang-froid face à tant d'incompréhension et de faveurs injustes accordées aux uns aux dépens des autres, toujours les mêmes. En Europe, elle suscite l'admiration justement pour l'élégance qu'elle sait garder dans l'adversité. Cette détermination polie qui puise sa vigueur dans l'héritage d'une civilisation orientale riche de poètes et de savants éclairés.

détermination

Dans l'héritage aussi d'un homme qui n'a jamais abandonné. Un combattant dont elle sait toute l'influence sur la société palestinienne contemporaine. Il ne verra pas cet État renaître mais il a tant œuvré que, à sa création, beaucoup crieront son nom. Yasser Arafat est mort le 11 novembre 2004 et le peuple palestinien l'a salué en héros. Dans la poussière rouge de Ramallah, une foule a porté son cercueil une dernière fois disant au monde entier sa fidélité au raïs et à la lutte qu'il mena sans compter. « J'appartiens à toute une génération formée par Arafat et c'est un privilège pour moi d'avoir côtoyé un homme qui a su garder autant de chaleur et d'humanité pendant quarante ans de pouvoir politique. » Quand on demande à Leïla Shahid quelle fonction elle aimerait exercer dans cette nation à naître, elle esquive et préfère construire prudemment les fondations de la paix, le temps fera le reste. De toute façon, son passeport est libanais, elle est une « réfugiée de 48 » et doit encore demander un visa pour entrer en Palestine. Rien n'est réglé donc mais une chose la console, « les Palestiniens sont maintenant en paix avec eux-mêmes malgré la violence qu'ils subissent et la violence qu'ils pratiquent. La chose la plus difficile pour eux était cette longue pérégrination à travers le monde, maintenant ils sont rentrés chez eux ».

réfugiée de 48

SOFIA Y.
FRANCE

la fin de l'esclavage

par hélène jullien

« Près de quatre millions de personnes dans le monde
font chaque année l'objet de trafic :
en majorité des femmes et des fillettes,
mais aussi de plus en plus de garçons[1]. »

D'allure juvénile avec sa queue de cheval blonde, Sofia a la trentaine. Elle parle avec un fort accent « chti », d'une voix cassée due à un cancer de la gorge, aujourd'hui guéri. Son histoire est douloureuse. À quinze ans, en révolte contre un père tyrannique, elle se met à voler. Elle est placée en foyer. Au bout de quelques mois, elle retourne chez elle, mais à dix-huit ans son père la met dehors. C'est à ce moment-là qu'elle commence à prendre de l'héroïne. Très vite, elle tombera dans un engrenage tristement courant : elle s'endette auprès des dealers et pour acquitter sa dette finit par se prostituer. Pendant plus de dix ans, des hommes, elle n'a connu que les coups, les insultes,

1. Rapport 2000 du Fonds des Nations unies.

l'asservissement. Il y a dix-huit mois, elle a changé de vie avec l'aide du Mouvement du Nid. Elle a quitté la prostitution, arrêté la drogue et rencontré son compagnon actuel. Dans son tout petit appartement de 40 mètres carrés au rez-de-chaussée d'une de ces petites maisons en brique des quartiers populaires du vieux Lille, elle tente de reprendre pied aux côtés de son ami, dont elle est enceinte, et de sa fille de quatre ans.

« J'ai eu plusieurs macs, ils étaient tous dealers, et violents. » Au début, la jeune femme ne fait que sniffer de la cocaïne, mais très vite pour supporter le trottoir, elle commence à se shooter[2]. Et le cercle infernal s'accélère.

Enceinte de sa première fille, Sofia arrête la drogue : « Je savais que c'était dangereux pour le bébé. » Mais elle est chassée par la famille du père de l'enfant, qui voulait qu'elle fasse un mariage blanc pour permettre la régularisation d'un neveu. Elle vit d'abord dans un foyer puis prend un petit studio et commence une formation. Mais quand l'enfant a trois ans, elle perd toute aide sociale et se retrouve sans ressource. Elle se met à vendre de la drogue et retombe dans la prostitution. Son nouveau proxénète est alcoolique et d'une violence inouïe. Pendant des mois, il va la punir à coups de couteau, à chaque fois qu'elle ne rapporte pas les 2 500 francs qu'il exige chaque jour. Ses mains, ses bras, ses

2. Dans les grandes villes françaises, près de la moitié des prostituées seraient dépendantes de la drogue. La plupart des prostituées se droguent ou se mettent à boire pour supporter les demandes des clients.

jambes sont couverts de cicatrices. Un jour, à coups de barre de fer, il lui a fracassé le fémur. Quand Sofia évoque ces violences, elle le fait d'une voix atone, comme si elle parlait d'une autre. Et puis, une nuit, cet homme se déchaîne sur sa fille de trois ans et demi, « sans doute, parce qu'il savait que c'était la seule manière de m'atteindre vraiment ». Il frappe l'enfant, la mord, lui perfore le tympan. Affolée, la jeune femme appelle la police. À la suite de ses blessures, la petite fille devra être hospitalisée durant un mois. L'homme sera condamné à trois ans et demi de prison. Le juge, qui accuse la jeune femme de n'avoir pas su protéger sa fille, la déchoit de l'autorité parentale. D'abord placée en foyer, l'enfant sera ensuite confiée à ses grands-parents paternels. Sofia s'est battue pendant sept ans pour récupérer sa fille et n'a été que récemment rétablie dans ses droits parentaux. Cet épisode a marqué pour elle une rupture :

« Toute ma vie, j'aurai honte,
en pensant qu'à cause de moi elle s'est fait tabasser. »

Aujourd'hui, sa fille, qui a dix ans, est en CM1, elle vit avec ses grands-parents et vient chez sa mère le week-end.

« Quand ils me l'ont enlevée, il n'y avait plus rien qui me retenait. C'était la seule personne à qui je donnais de l'amour et qui me le rendait. » Par moments, elle s'arrête de parler, les yeux dans le vague, elle se replie sur elle-même, comme noyée dans ses souvenirs. On sent qu'au plus profond d'elle-même quelque chose est brisé. « Je ne pensais plus à rien, je survivais, je vivais au jour le jour. » Pendant six ans, elle travaille dans un bar. Elle est seule : sa famille l'a rejetée et elle se vit comme doublement exclue de la société : en tant que prostituée et droguée.

exclue

C'est à cette époque, alors qu'elle est à nouveau enceinte, qu'elle est condamnée à une peine de six mois de prison ferme pour possession de drogue, assortie d'une injonction thérapeutique. Mais en raison de son état, le juge transforme sa peine en semi-liberté pour qu'elle puisse s'occuper du futur bébé. Elle décide de saisir sa chance de changer de vie : elle fait un CES (contrat emploi solidarité) et travaille dans un atelier de réinsertion. Mais elle a du mal à rompre avec le milieu. Elle décide de reprendre contact avec le père de l'enfant. Il vient s'installer chez elle. Et très vite, se met à la frapper. Quand elle finit par porter plainte – « c'est difficile quand on est une droguée » –, elle est couverte d'ecchymoses. Elle apprendra par les policiers qu'elle a vécu des mois avec un multirécidiviste.

Quelques mois plus tard, elle rencontre un nouveau dealer qui fait des allers et retours entre le Maghreb, l'Espagne et la France. Il lui vend de la drogue et quand il vient dans le Nord, elle accepte de le loger. Car Sofia, qui s'est toujours fait exploiter, qui a entretenu des liens souvent ambigus avec ses proxénètes, reconnaît volontiers qu'elle n'a jamais su dire non. Très vite, son nouveau « mac » transforme son appartement en maison de passe. La jeune femme, qui travaille parfois plus de douze heures d'affilée, se drogue de plus en plus. « J'avais les veines tellement abîmées que je n'arrivais plus à me piquer. Au début, j'avais besoin de me défoncer pour coucher avec les clients, après c'était devenu mon quotidien. Je n'avais plus aucune notion du temps. »

Quand son proxénète lui propose un voyage dans le sud de l'Espagne, elle décide de confier sa fille à une amie. Mais à peine arrivée, il lui confisque ses papiers, son argent. Elle se retrouve enfermée dans un appartement, livrée au bon vouloir d'une dizaine d'hommes. Au bout de quatre mois, elle atterrit dans un bar d'hôtesses, où il faut faire boire les clients avant de les faire monter dans les chambres. Avec pour seul salaire des cigarettes, de la drogue et de la nourriture. La jeune femme qui ne supporte plus cet esclavage fait une tentative de suicide. Elle finit par trouver le courage de se sauver et appelle à l'aide le Mouvement du Nid, qu'elle a connu quand elle travaillait dans le Nord. Elle rentre en France et comprend grâce à l'association que le bar espagnol dans lequel elle a échoué appartient au même réseau[3] que le bar dans lequel elle a travaillé pendant six ans. Son proxénète avait tout organisé, et Sofia réalise à quel point elle a été manipulée. Accompagnée par le président du Mouvement du Nid, elle raconte tout à la brigade des mœurs. Le jour

manipulée

3. « Les réseaux de proxénétisme se sont multipliés ces dernières années et se sont implantés dans les villes moyennes. À côté des petits clans familiaux ou régionaux, mouvants et difficiles à repérer, existent des structures internationales » dans *Prostitution, cent mots pour comprendre*, Mouvement du Nid.

de la confrontation, cette femme qui a beaucoup subi, retrouve un peu de sa fierté.

> « C'était la première fois que je me sentais forte devant eux. Je leur ai dit : on est en France et ici les femmes ont des droits. »

Les preuves sont accablantes, le gérant du bar est condamné à cinq ans de prison. Pourtant, grâce à une remise de peine, il sortira dans quelques mois. De sa prison, cet homme continue à la menacer : « Il m'a fait dire qu'il allait nous "planter" moi et ma fille. » La loi Sarkozy[4] prévoit bien une assistance pour les prostituées qui dénoncent leur proxénète, mais jusqu'à présent, en dehors du soutien très effectif des associations qui travaillent sur le terrain, ces femmes ne bénéficient souvent d'aucune protection particulière.

traite

Depuis la chute du mur de Berlin, les réseaux de proxénétisme n'ont cessé de se développer en Europe. Chaque année, 150 000 à 200 000 femmes seraient victimes de la traite au sein de l'Union européenne. Les jeunes filles moldaves, albanaises, ukrainiennes

4. La loi Sarkozy sur la sécurité intérieure, votée le 18 mars 2003, vise, entre autres, à démanteler les réseaux de proxénétisme. En contrepartie d'une législation beaucoup plus sévère sur le racolage, qui vise directement les prostituées, elle prévoit des mesures sociales de protection. Notamment l'obtention d'une autorisation provisoire de séjour pour les prostituées étrangères qui déposent plainte ou témoignent contre leurs proxénètes.

qui croient trouver un travail régulier à l'Ouest, sont tout simplement vendues, puis violentées et séquestrées, avant d'être placées sur les trottoirs, ou dans les bars des grandes villes d'Europe de l'Ouest. La plupart de ces réseaux mafieux, qui se protègent derrière des sociétés écrans, engrangent à distance, depuis les pays de l'Est, d'énormes bénéfices : la prostitution générerait près de 7,47 milliards d'euros annuels. Le manque d'harmonisation des législations au sein de l'Europe rend la coopération policière et judiciaire très difficile et favorise l'extension de ces réseaux mafieux[5]. Les proxénètes, quand ils sont arrêtés, n'écopent le plus souvent que de peines dérisoires. Une réalité qui a fait dire à l'ancien Commissaire européen de la justice, Anita Gradin, que, en Europe,

> « le trafic d'être humain est moins risqué
> que le trafic de drogue ».

Pour Bernard Lemettre, président du Mouvement du Nid, « il existe une tolérance vis-à-vis des violences faites aux prostituées qui va avec un déni de leurs souffrances ». Un constat qui explique sans doute que de plus en plus de pays, au lieu de tenter d'éradiquer la prostitution, s'emploient à la légaliser. Pour combattre des préjugés qui restent très tenaces, du type : « la prostitution

5. Les Pays-Bas et l'Allemagne ont légalisé la prostitution et les proxénètes sont devenus dans ces pays des hommes d'affaires.

limite les viols » et faire évoluer les mentalités, l'association a mené une enquête sociologique pour tenter de comprendre le profil des clients et leur donner la parole[6]. Une enquête qui va servir de base à une campagne de sensibilisation et d'information, notamment auprès des plus jeunes. Car le Mouvement du Nid, qui milite pour l'abolition à terme de la prostitution, est persuadé qu'elle passe par un effort culturel et éducatif. Il « convient d'engager dès la maternelle une éducation non violente et non sexiste, fondée sur un respect mutuel, d'aider les enfants à développer leur esprit critique face aux messages médiatiques et sociaux qui les assaillent ».

Depuis quelques mois, Sofia a commencé une nouvelle vie. Elle suit un traitement à la méthadone et commence le long et difficile chemin de la réinsertion, soutenu par son nouveau compagnon. « J'ai toujours eu l'habitude qu'on me maltraite, qu'on profite de moi. » Jusqu'ici, il lui semblait impossible qu'un homme « qui respecte sa copine », s'intéresse à elle. À plus de trente ans, avec son ami, elle découvre une relation basée sur la complicité, le partage. Et, malgré des conditions de vie très difficiles – de toutes ses années de prostitution, il ne lui reste que des dettes –, il lui arrive parfois de savourer des plaisirs simples, jusqu'alors inconnus : une sortie au cinéma, un dîner dans une

6. Sur les quatre-vingt-quinze clients qui ont accepté de répondre à ces enquêtes, plus de la moitié ont le profil de « Monsieur Tout-le-monde ». Ils ont entre trente et cinquante ans, sont ou ont été mariés et ont des enfants. En France, on estime que environ 12 % des hommes fréquenteraient des prostituées.

brasserie. C'est aussi avec lui qu'elle a connu pour la première fois la tendresse et les caresses. Cet homme a accepté son passé, ne l'a jamais jugée. Il n'y a qu'avec lui, ou avec les militants de l'association du Nid, qu'elle arrive à parler de ses années de prostitution. Car, comme beaucoup d'anciennes prostituées, elle n'arrive toujours pas à affronter le regard des autres.

Après des années de vie totalement chaotique, elle a dû se prendre en charge. Tout lui est difficile : faire ses papiers, aller chez le médecin, prendre soin d'elle. Elle peut rester trois jours sans rien avaler puis « se goinfrer ». Sa vie n'est réglée que sur le rythme de ses filles : la sortie de l'école de la benjamine, la venue le week-end de sa fille aînée. « C'est plus elles qui m'ont aidée à vivre, que moi qui les ai aidées. » Sa plus jeune fille, qui a aujourd'hui quatre ans, a vécu à côté de sa mère ses dernières années de prostitution. Elle est extrêmement marquée et bien que Sofia ait cessé de se prostituer depuis plus d'un an, la petite fille se met à crier au moindre coup de sonnette. Un soir que le frère de son ex-proxénète vient relancer sa mère qui refuse, la petite fille lui crie : « Va-t'en. Ici, c'est pas ta maison, ici, il n'y a pas d'hommes qui viennent. »

La jeune femme a du mal à se projeter dans l'avenir. Elle reste extrêmement fragile : « Ma vie est comme un château de cartes, qui peut se casser la figure n'importe quand. » Aujourd'hui, elle ne rêve que d'une chose : déménager pour quitter ce quartier où tout le monde la connaît, surtout les clients et les dealers. Il lui faudra sûrement de nombreuses années pour se reconstruire, retrouver confiance en elle, renouer des liens sociaux... Elle se considérera comme sauvée quand elle aura réussi à vivre cinq ans sans héroïne, qu'elle aura un logement décent, un petit boulot et ne fera plus de cauchemars.

Bibliographie : Claudine Legardinier, *Les Trafics du sexe, Femmes et enfants marchandises*, Milan, 2002, et Yolande Geadah, *La Prostitution, un métier comme un autre ?*, VLB éditeur, Montréal, 2003.

LEYLA ZANA

TURQUIE

pasionaria du peuple kurde

par aurine crémieu

« Nous sommes tous avec Leyla Zana.
Tout le monde ici croit en elle,
notre avenir repose dans son combat[1]. »

« **D**ans mon village, j'étais libre comme un oiseau », écrit-elle depuis une chambre aveugle de la prison Ulucanlar d'Ankara. La nostalgie d'une liberté perdue à cause d'un simple cri, poussé en 1991 lors de son investiture comme députée au Parlement turc. Il fallait absolument qu'elle prête serment sur la Constitution ! Ce texte qu'elle jugeait antidémocratique, élaboré et imposé par une junte militaire de 1980. Peut-être, mais Leyla Zana venait d'être élue et devait respecter les règles du jeu. Alors, dans un hémicycle à l'affût, elle a monté sagement les quelques marches menant à la tribune. Tous les regards pesaient sur elle. Elle se tenait bien droite dans son tailleur sombre, la silhouette menue et le visage un peu crispé. Sa décision était prise. En turc, elle prononça le serment attendu par l'establishment militaire et politique. Une

1. Zelal D., paysanne kurde.

rumeur montait déjà pour couvrir son discours. C'est donc en criant qu'elle fit entendre ses derniers mots, une phrase en kurde, sa langue maternelle :

> « Je me battrai pour la cohabitation fraternelle des peuples kurde et turc dans le cadre de la démocratie. »

Langue interdite ! « Idiome incompréhensible » si l'on en croit les minutes de la séance parlementaire qui relatent l'événement. Leyla n'avait pas terminé cette fameuse phrase que le Parlement résonnait d'insultes. « Séparatiste... traître », « Arrêtez-la ! Qu'on la pende ! » Elle faisait face. Refusant une totale reddition, elle avait attaché ses cheveux avec un bandeau dont le symbole n'échappa à personne : il était jaune, vert et rouge, les couleurs traditionnelles kurdes. Pour le régime turc, c'en était trop, un blasphème total et sans appel. Quinze ans plus tard, on peut dire qu'elle revient de loin, la petite paysanne du village de Silvan. La voir libre aujourd'hui en Turquie tient du miracle fragile tant la justice reste une épée de Damoclès sur son joli cou.

De l'histoire du Kurdistan où Leyla Zana est née en 1961, la Turquie ne veut rien savoir. Depuis que Kemal Atatürk a proclamé sa république en 1923, toute revendication culturelle non turque est matée. L'usage du kurde fut pendant des décennies interdit par la Constitution. D'abord happé au sein de l'Empire ottoman, le territoire kurde est ensuite partagé entre l'Iran, l'Irak, la Syrie et la

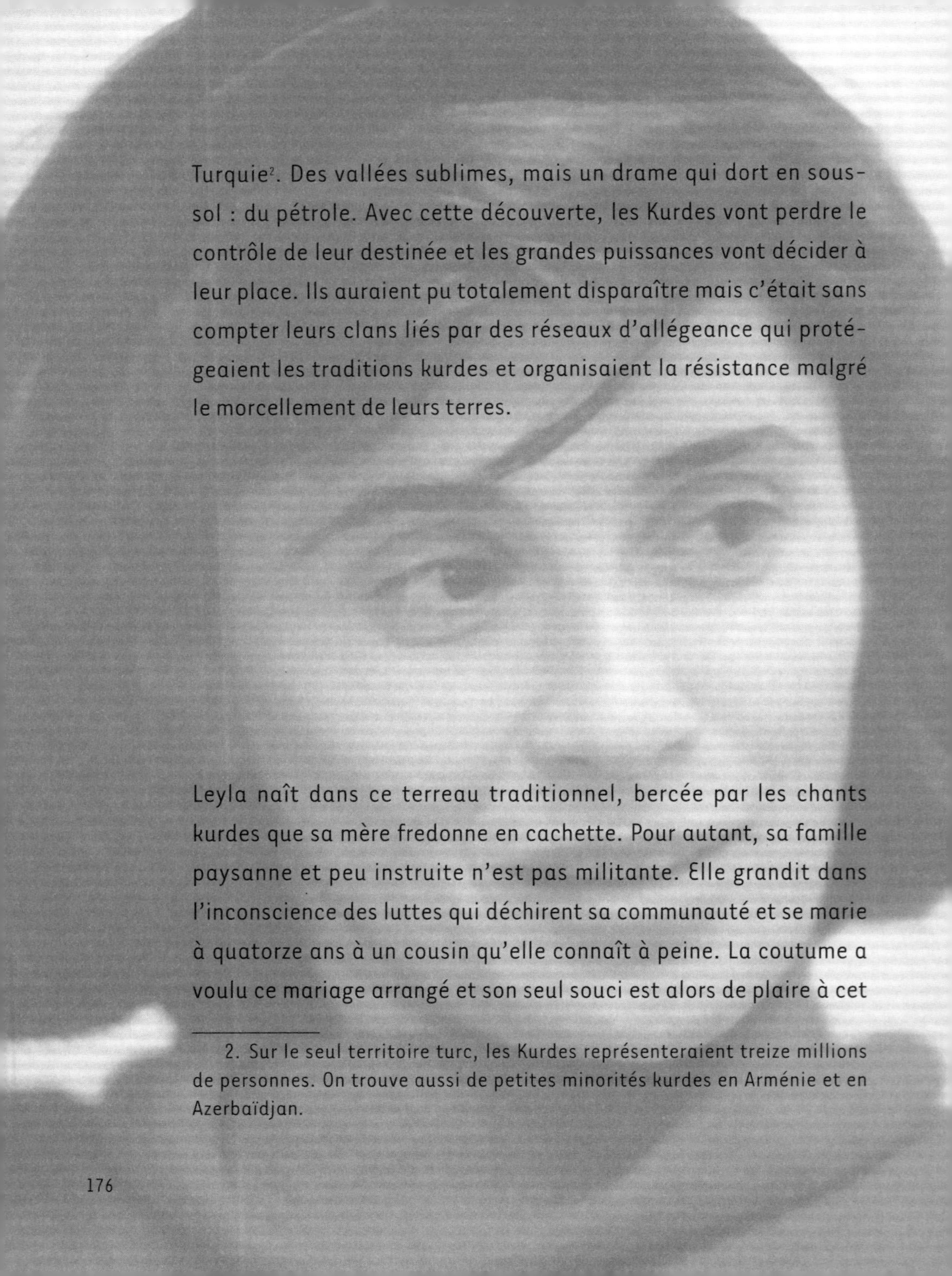

Turquie[2]. Des vallées sublimes, mais un drame qui dort en sous-sol : du pétrole. Avec cette découverte, les Kurdes vont perdre le contrôle de leur destinée et les grandes puissances vont décider à leur place. Ils auraient pu totalement disparaître mais c'était sans compter leurs clans liés par des réseaux d'allégeance qui protégeaient les traditions kurdes et organisaient la résistance malgré le morcellement de leurs terres.

Leyla naît dans ce terreau traditionnel, bercée par les chants kurdes que sa mère fredonne en cachette. Pour autant, sa famille paysanne et peu instruite n'est pas militante. Elle grandit dans l'inconscience des luttes qui déchirent sa communauté et se marie à quatorze ans à un cousin qu'elle connaît à peine. La coutume a voulu ce mariage arrangé et son seul souci est alors de plaire à cet

2. Sur le seul territoire turc, les Kurdes représenteraient treize millions de personnes. On trouve aussi de petites minorités kurdes en Arménie et en Azerbaïdjan.

homme qui a vingt ans de plus qu'elle. Il s'appelle Mehdi et se passionne pour la politique, militant au sein du POT, le parti communiste turc. Il ne prend jamais la peine de parler de ses activités avec sa jeune épouse préférant lui assigner les tâches de bonne mère de famille. Très vite, Leyla est enceinte et donne naissance à un petit garçon, Ronay. Elle devine qu'être femme dans ce pays ne sera pas une partie de plaisir et le livre qu'elle écrira bien plus tard en prison commence ainsi : « Femme, tais-toi ! Laquelle d'entre nous n'a jamais entendu cet ordre intimé par un mari, un père ou un frère, incarnant le pouvoir domestique[3] ? »

Quand Mehdi est élu maire de Diyarbakir, la plus grande ville kurde de Turquie, la famille Zana est comblée ; la vie pourrait couler douce comme le miel mais un coup d'État militaire en décide autrement. En 1980, le régime impose la loi martiale et jette Mehdi en prison pour le seul motif qu'il est kurde. Leyla commence à errer d'une prison à l'autre pour ne pas perdre le contact avec ce mari qui va finalement passer dix ans dans les geôles turques. « J'avais tout juste vingt ans, un petit garçon et j'étais de nouveau enceinte ! Pendant un an, je n'ai pas arrêté de pleurer puis j'ai commencé à me poser des questions sur mon identité et sur ce que les gens me racontaient. » Pendant six longs mois, Mehdi et ses camarades vont être torturés en prison. Leyla va sortir de sa torpeur, elle veut comprendre, dévore les livres et croise beaucoup d'autres femmes dans la même détresse qu'elle. En

3. Leyla Zana, *Écrits de prison*, Éditions des Femmes, 1995.

1988, c'est le déclic ! Alors qu'elle manifeste pacifiquement avec plusieurs femmes kurdes venues réclamer leurs époux enlevés par les militaires, elle est arrêtée et subit les premiers passages à tabac. Relâchées et résolues, elles entament leur première grève de la faim. Leyla arrête de se nourrir pendant plus de trente jours, mais elle trouve la force d'essuyer les larmes des unes, d'encourager les autres à ne pas perdre espoir. Elle devient leur voix, leur égérie. La lutte des femmes kurdes devient sa lutte et elle se lance en politique en leur nom, pour leur redonner dignité et courage. En intégrant le DEP, le parti démocratique du peuple, prokurde et légaliste, Leyla opte pour une issue politique du conflit ; elle est contre la lutte armée, consciente que les méthodes du PKK ne contribuent qu'à faire couler plus de sang[4]. 37 000 Kurdes ont déjà payé de leur vie cette sale guerre. Il faut arrêter le massacre !

massacre

Une éclaircie apparaît avec le rétablissement d'un gouvernement civil qui donne un peu de répit aux démocrates kurdes. Le DEP se dépêche de présenter plusieurs candidats aux élections législatives dont Leyla Zana, élue dans son district avec 84 % des voix. La Pasionaria déploie ses ailes. Sur les quatre cent cinquante députés que compte le Parlement turc, c'est la première et l'unique femme kurde à accéder à un tel mandat. Mais avant de

4. Le Partiya Karkeren Kurdistan (Parti des travailleurs du Kurdistan) est un mouvement séparatiste qui entre dans la lutte armée dans les années 1980. Ses militants prennent le maquis et défient le régime militaire turc par le biais d'attentats et d'actions directes.

militaires

l'exercer, elle ne peut échapper au serment d'investiture imposé à tout parlementaire nouvellement élu. Et ce serment, enrichi par ses soins de quelques mots d'une langue explosive, va l'envoyer directement en enfer. Si elle n'est pas arrêtée tout de suite après son sublime outrage, c'est uniquement parce que son immunité parlementaire la protège et qu'il y a dans l'hémicycle caméras et diplomates étrangers venus pour la circonstance. Une arrestation en plein cœur de ce qui prétend être un État démocratique ferait désordre. Mais les militaires sont rancuniers, ils n'auront de cesse de faire lever l'immunité de la députée Zana. Cela va quand même leur prendre trois ans. Leyla met ces années à profit pour sa lutte politique, elle sait que le temps lui est compté.

> « Mon portrait était utilisé dans les stands de tir de la police et des unités spéciales de l'armée comme l'incarnation de l'ennemi à abattre[5]. »

Téméraire, elle participe à la création de *Yeni Ülke*, l'un des premiers journaux kurdes en Turquie. Ses articles font mouche et renforcent son image publique et populaire. Rapidement, les journalistes de *Yeni Ülke* sont arrêtés quand ils ne sont pas purement et simplement éliminés. Le journal est interdit. Le 4 septembre 1993, alors qu'elle participe à un meeting politique à

5. *Écrits de prison, op. cit.*

Batman, elle échappe de justesse à un commando venu l'abattre. Son ami Mehmet Sincar, député de Mardin, n'aura pas cette chance et sera tué à bout portant. Lors de ses funérailles, quelques jours plus tard, on tente à nouveau d'assassiner Leyla. Une balle la touche au front mais la blessure n'est pas fatale. Seule subsiste une cicatrice au-dessus de l'arcade sourcilière.

L'éclaircie était illusoire. Tout autour d'elle, dans ce Kurdistan qu'elle aime tant, tourne au chaos. L'armée traque les militants séparatistes du PKK en envoyant chars et avions de chasse bombarder les villages. Comme toujours, ce sont les civils qui trinquent. Trois millions de Kurdes vont être arrachés à leurs terres, 4 500 villages rayés de la carte, une population déportée vers les grandes villes et condamnée à la misère. Les ONG occidentales tirent le signal d'alarme, le Parlement européen s'émeut de cette guerre qui tait son nom. Pour Leyla, il devient évident que seule la pression internationale pourra faire cesser cet acharnement à détruire son peuple. Avec une poignée de députés kurdes, elle entame une tournée diplomatique en Europe et aux États-Unis et révèle au monde ce que « kurde » veut dire. Lors d'un de ces voyages, elle rencontre Danielle Mitterrand qui va se prendre d'affection pour elle. La présidente de France-Libertés n'oubliera jamais d'envoyer des missives chaleureuses à Leyla pendant ses longues années de prison. Du côté d'Ankara, les autorités paniquent face à cette nouvelle audience internationale offerte aux Kurdes. Le Parlement est convoqué d'urgence en session plénière exigeant la présence de tous les députés du pays.

C'est ainsi que, en mars 1994, on assiste à une scène de « mise à mort » ahurissante. Leyla est assise au milieu de ses collègues kurdes, le président de séance demande un vote à main levée pour valider une motion de levée d'immunité. Comme un jeu répété d'avance, presque toutes les mains se lèvent. Les haut-parleurs grésillent : « La motion est acceptée à l'unanimité. (...) L'immunité de Leyla Zana est levée. » Tonnerre d'applaudissements. Impassibles, les députés kurdes se lèvent et sortent de la salle ; ils seront arrêtés dans les jours qui suivent[6].

parodie de justice

Commence alors une parodie de justice pour Leyla Zana, Hatip Dicle, Selim Sadak et Orhan Dogan. Une cour de sûreté de l'État les inculpe de « trahison contre l'intégrité de l'État » et le général Demirel, procureur, requiert la peine de mort par pendaison. À ces accusateurs, Leyla rétorque : « Je suis une femme qui a dépassé la peur et la crainte de la mort. Je suis mue dans mon combat par d'autres passions. Je n'ai peur ni de vos généraux ni de vos tribunaux et lois d'un autre âge, ni de vos potences. (...) Il y a quatorze ans, Leyla Zana était une jeune paysanne ordinaire dont le monde était limité par la quête du petit bonheur domestique. Les événements consécutifs au coup d'État et les barbaries subies ont fait d'elle une militante à la détermination d'acier. Dussiez-vous la brûler, la pendre qu'il y aurait des millions de femmes kurdes, des dizaines de milliers de Leyla Zana qui surgiraient devant vous et poursuivraient

6. *A cry from jail*, film documentaire sur Leyla Zana, réalisé par Kudret Gunes pour Arte, Couleur films production.

son combat[7]. » Ce procès inique est minutieusement suivi par des observateurs européens pendant qu'associations et parlementaires continuent d'exercer leur pression sur les autorités turques. Leyla ne sera pas pendue mais écope de quinze ans de prison. Dans sa cellule, elle lit beaucoup, écrit et se met même à apprendre le français. Elle entretient une relation presque filiale avec Danielle Mitterrand, commençant parfois ses lettres par un « Vénérée mère ». Elle écrit aussi beaucoup à ses enfants, Ronay et Ruken, confiés à Paris à son fidèle ami, le poète Kendal Nezan. Ronay lit et écrit le kurde, Leyla le lui a appris clandestinement quand il était enfant. En revanche, elle souffre de ne pas voir grandir sa fille Ruken. La famille qu'elle a tenté de construire s'est littéralement dissoute avec la répression. Après de longues années de prison, Mehdi est parti en exil et vit à Stockholm. En 1995, alors qu'elle est sous les verrous, le Parlement européen lui décerne le prix Sakharov. Un honneur pour elle et pour la cause kurde. Amnesty International l'adopte comme prisonnière d'opinion et multiplie les démarches pour la faire libérer. Les années passent, les autorités turques font la sourde oreille. Jusqu'à ce que le mirage européen les oblige à revoir leur copie sur le respect des droits de l'homme. L'intégration à l'Europe exige son tribut et Ankara est bien obligée de baisser la garde. La cour d'appel de Turquie décide enfin, le 9 juin 2004, de remettre en liberté Leyla Zana, Hatip

7. Cette déclaration devait être lue le 8 décembre 1994 à l'audience finale du procès d'Ankara. Estimant que la cour bafouait les droits de la défense, les avocats décidèrent de boycotter le procès. Leyla Zana renonçait donc à la lecture de son texte. *Écrits de prison*, op. cit.

Dicle, Selim Sadak et Orhan Dogan. En liberté, oui, mais pour un vice de forme. Il faudra donc reprendre le procès de zéro et rien ne dit que Leyla ne refera pas une visite derrière les barreaux.

À sa sortie de la prison, elle a quarante-trois ans ; son seul désir est de retrouver les siens. Mehdi est revenu d'exil, sa fille vit enfin auprès d'elle, à Ankara. L'ancienne petite paysanne de Silvan aimerait revoir le printemps verdir ses montagnes kurdes mais elle travaille déjà à la création d'un nouveau parti, démocratique bien entendu. Même privée de ses droits civiques, elle reconnaît que les choses ont un peu changé et que la Turquie fait quelques efforts vis-à-vis du peuple kurde. Mais ce n'est pas encore ça. « Si malgré les graves menaces inquisitoriales qui pesaient sur lui, Galilée a pu dire :

"Et pourtant elle tourne !", je dirai à mon tour que
je continuerai de me battre
pour la question kurde qui est une réalité
aussi tangible que la Terre qui tourne. »

Amnesty International

Depuis plus de 40 ans, Amnesty International a pour mission de faire respecter les droits humains définis dans la Déclaration universelle des droits de l'homme de 1948. Elle travaille également à la promotion des droits humains, à l'intégrité physique et psychique, et lutte contre les graves violations des droits d'opinion et d'expression, et contre les discriminations. Pour ce faire, elle envoie des missions d'enquête, elle diffuse les informations recueillies auprès des relais d'opinion et elle organise de grandes campagnes de mobilisation de l'opinion publique.

Fondée sur un principe de solidarité internationale, elle a pour objectifs principaux :

- la lutte contre les discriminations,
- la libération des prisonniers d'opinion,
- la lutte contre la torture,
- la dénonciation des disparitions et des assassinats politiques,
- l'opposition à la peine de mort,
- la lutte contre le renvoi des personnes contre leur gré dans un

pays où elles risquent de disparaître, d'être emprisonnées, torturées ou exécutées,

• la dénonciation des prises d'otages ou des assassinats commis par des groupes d'opposition armés,

• la demande de procès équitables pour les prisonniers politiques.

Depuis mars 2004, Amnesty International mène une campagne mondiale intitulée « Halte à la violence contre les femmes ». Les violences faites aux femmes sont un phénomène universel mais pas inévitable. Il s'agit en effet de condamner la violence en tant que telle.

Amnesty International
section française
76, boulevard de la Villette – 75019 Paris
Tél. 01 53 38 65 65
info@amnesty.asso.fr
www.amnesty.asso.fr

table

CHEZ LE MÊME ÉDITEUR, EN COLLABORATION AVEC AMNESTY INTERNATIONAL

CENT POEMES POUR LA LIBERTE
choisis par
Ahmed Ben Othman
et Jean-Pierre Darmon

CENT DESSINS POUR LA LIBERTE
Anthologie
réalisée sous la direction
d'Alain Grandremy

40 ANS D'AFFICHES POUR LA LIBERTE
sous la direction
de Sarah Carrière-Chardon

PENSEES POUR LA LIBERTE
choisies et présentées
par Tahar Ben Jelloun

LIBREMENT DIT
Ecrits sur les droits de l'homme
Préface de Peter Benenson

LIBERTE : CENT POEMES POUR LES ENFANTS
choisis par Bernard Lorraine

DECLARATION UNIVERSELLE
DES DROITS DE L'HOMME : 50e ANNIVERSAIRE
illustré par Christine Lesueur

NOUVELLES POUR LA LIBERTE
par Tahar Ben Jelloun, François Bott, Geneviève Brisac, François Busnel, Andrée Chedid, Philippe Delerm, Marie Desplechin, Nancy Huston, Percy Kemp, Marc Lambron, J.-M.G. Le Clézio, Marc Levy, Sophie Fontanel, Gerald Messadié, Dominique Sigaud, Yves Simon, Gilbert Sinoué.

CRÉDITS PHOTOS

Page 20 : Aïssata © A. Crémieu
Page 32 : Sihem Bensedrine © A. Crémieu
Page 49 : Vera Chirwa © A. Crémieu
Page 69 : Angela Davis © Gamma
Page 79 : Viviana Diaz © afdd
Page 92 : Ita Fatia Nadia © A. Crémieu
Page 107 : Asma Jahangir © A. Crémieu
Page 117 : Eliza Moussaeva © A. Crémieu
Page 135 : Arundhati Roy © Gamma.
Page 139 : Ngawang Sandrol © Yvette Pottier
Page 151 : Leïla Shahid © A. Crémieu
Page 176 : Leyla Zana © D.R.

Conception graphique : Corinne Liger-Marie

Mise en pages : DV Arts Graphiques à Chartres
Imprimé en France par Sagim-Canale à Courtry (77)
Dépôt légal : février 2005
N° d'édition : 348 — N° d'impression : 9030
ISBN : 2-74910-348-7

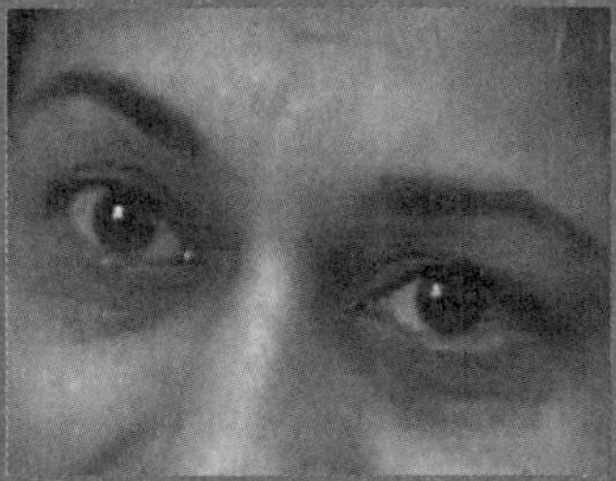
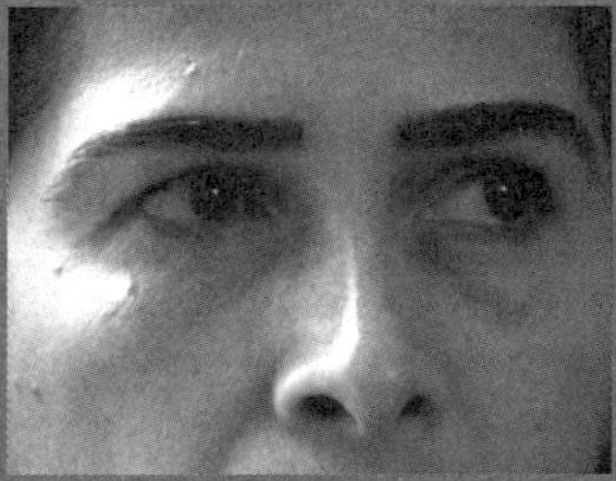
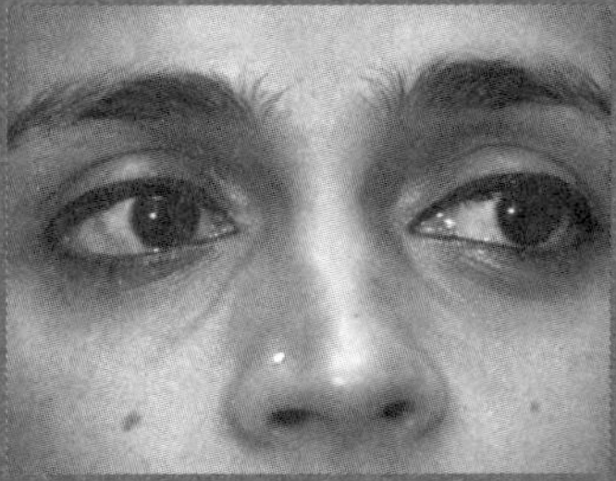

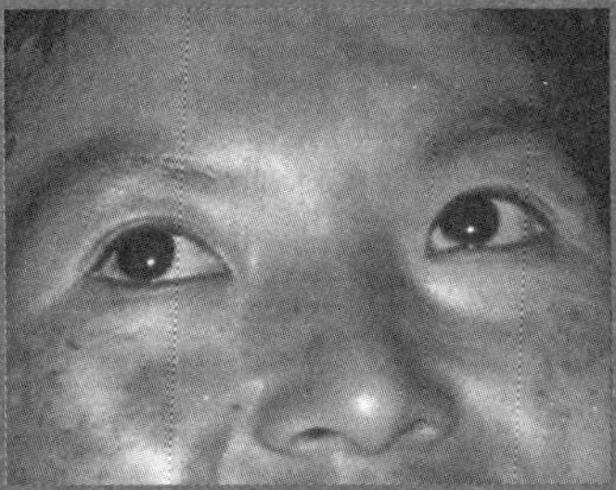  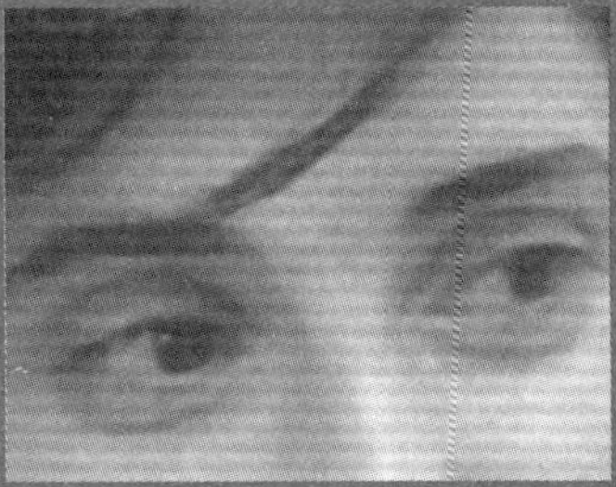